自分史上最高の営業利益を手に入れる「仕事」の極意

小山 昇

株式会社武蔵野代表取締役社長

マガジンハウス

できるリーダーは失敗が9割

プロローグ　自分史上最高の営業利益を手に入れる「仕事」の極意

小山昇は、本当にカリスマなのか？

私が社長を務める「株式会社武蔵野」は、ダスキン事業（東京都武蔵野エリアを中心とした
お掃除用品・お掃除サービスのフランチャイズ）を基盤とし、中小企業の経営サポート事業を行っています。

私が武蔵野の社長になったとき（1989年）、わが社は**沈没寸前**、**倒産寸前**でした。
社員は毎日、のんべんだらりと過ごしているだけ。幹部社員の半分は、腰掛け気分で入社したアルバイト上がり。

おまけに社員の5分の1は元暴走族で、一見真面目に見えるが「どうやったら不正

できるか」ばかり考えていたものばかり。警察にお世話になった社員も数知れず（笑）。

そんな**超ブラック企業**だった武蔵野は、現在、**超ホワイト企業**に変わっています。

社長就任時に**7億円**だった売上高は、現在**75億円**。掃除用品のサービス業界は斜陽産業に位置付けられ、25年以上前から右肩下がりです。ですがわが社は、経営サポート事業を立ち上げ継続的に売上を伸ばし、**18年連続増収**を達成しています。

武蔵野の成長を牽引《けんいん》した実績から、私のことを「カリスマ社長」「経営の天才」「中小企業のスター」と呼ぶ人もいます。

ですが私は、「カリスマでも、天才でも、スターでもなんでもない」と自覚している。

わが社は社員の適性を測るため、「エナジャイザー」という診断ツールを導入しています（仕事の処理能力、適正業務、意欲、上司との相性などがわかる）。

診断の結果、小山昇の能力は１０８。この数値は、武蔵野の全社員のブービー（もっとも能力の高い社員の半分以下）です。とても天才的とは言い難い。高校の成績も平均以下。ギリギリの成績でなんとか大学に入学し、「9年」かかって卒業しました。

失敗の数も、失敗の損失額も尋常《じんじょう》ではありません。私は、「同じ世代なら、日本一失敗を経験している社長」と自負している。

普通の社長が束《たば》になっても敵《かな》わないほど、**バラエティに富んだ失敗を数多く経験し**ています。

また、かつての私は、歌舞伎町のネオンが大好物でした。終業後は一目散にキャバクラに直行し、「夜のアルコール消毒」に勤《いそ》しんでいました。

結婚する前は?億円、私の妻の試算によると、**結婚してからは4億8000万円も歌舞伎町に寄付**していたそうです。もちろんすべて自腹です。

能力の低さと失敗の多さ、そしてキャバクラ好きとなれば、私はカリスマ社長どころか、「カス社長」と呼ばれるにふさわしい(笑)。

社長(管理職)は「スター」になるな。「リーダー」になれ

「スター」とは、人にできないことをやる人のことです。

一方、人にできることをやる人は、スターを目指してはいけない。「リーダー」になるべきです。

スター性のある社長は能力が高いから、たいていの業務は自分ひとりでできる。だから、仕事で困っている社員に対して「なんでそんなことができないんだ」と歯がゆさを覚えて上から目線で指導する。それでは人は育たない。

カス社長でありながら武蔵野を引き上げることができたのは、私が**スターではなく、リーダーとしての条件を満たしているから**です。

私が考える「できるリーダーの条件」とは、おもに次の「3つ」です。

【できるリーダーの3つの条件】

① 自分が経験したこと（成功&失敗）を、教訓として伝える
② 人よりも早く気づき、的確な指示を出す
③ 成果が出るまで、誰よりも粘り強く汗をかく

①自分が経験したこと（成功&失敗）を、教訓として伝える

私がリーダーとしての手腕を発揮できるのは、誰よりもたくさん失敗をして、経験値を積んだからです。

損失3億円規模の失敗が3回、1億～2億円規模のものが5回、それ以下は数限りない。新しい取り組みの9割は失敗です。

「毛髪を豊かにする」というサプリメント「ハイロン」を理容室経由で販売するも、まったく売れずに撤退。

「ダイトウリョウ」という浄水器の拡販にも失敗。「まだ世に知られていない商品に目をつけ、先行者利益を狙いたい」という私の強欲さが裏目に出た結果です。

「クリエイト」というデータベース事業で大失敗。毎月400万円の赤字を出し続け、手も足も出ない「だるまさん状態」。この事業で被った損失は、3億2000万円。

撤退後に残ったのは、パイプ椅子が4脚だけでした。

体《てい》のいい詐欺に引っかかったこともあります。節電機のリース販売の代理店になったときのことです。販売元と結んだ契約に落とし穴がありました。お客様がリース契約を解約した場合、リース代を武蔵野が肩代わりすることになっていた。

設置企業からリース契約の解除が相次ぎ、結果的に**4億円規模の損失**（肩代わりの負担）を出しました。運が良かったのは、負債がＢ／Ｓ（貸借対照表）にのっていなかったことです。

この事実を知っていたのは、私とＫ常務・滝石洋子部長（現常務）・狐塚《きつねづか》富夫課長（現顧問）の４人。すべての支払いが終わった日、４人で万歳をして喜びました。

「失敗の数」＝「リーダーの実力」です。なぜなら、失敗の数が多いほど、修羅場を切り抜けた経験が多いからです。

私たちが自転車に乗れるようになったのは、何度も転び、電柱にぶつかったり、溝に落ちたり、痛い目に遭いながら練習を続けたからです。最初から補助輪なしの自転車に乗れたわけではありません。

痛い目をみた人でなければ、「どうしたら、できるようになるのか」「どうしたら、失敗するのか」を人に伝えることはできない。

「できるリーダー」になるために必要なのは、成功体験ではありません。〝失敗が9割〟です。

成功が9割の社員と、失敗が9割の社員がいれば、後者を評価する。それが武蔵野です。

1回の成功を手に入れるためなら、9回失敗してもいい。それが武蔵野です。

わが社は「今までのやり方で成功した人」より、「新しいことに挑戦して失敗した人」のほうが評価は上です。なぜなら、**人間は失敗からしか学べないから**です。

そして、経験してきたすべての失敗から教訓を引き出し、その教訓を部下に伝えるのが**リーダーの役割**です。

史上最短（入社9ヵ月）で課長になった小嶺淳が課長になれたのは（現在は採用本部長）、入社してすぐに始末書を書いたから。始末書を書いたりクレームを出したりと、大きなことに挑戦し失敗したことを高く評価したからです。

②人よりも早く気づき、的確な指示を出す

ダストコントロール業界は、右肩下がりの業界です。それなのになぜ、**武蔵野は右肩上がり**なのでしょうか。

それは、時代の変化、マーケットの変化、人の心の変化をいち早く察知して、戦略を変えてきたからです。

マーケットが伸びているのか、横ばいなのか、縮小傾向にあるのか、マーケットの動向によって自社が取るべき戦略は変わります。

右肩下がりの業界の取るべき戦略は、地域ナンバーワンを目指すことです。わが社が「スモールテリトリー・ビッグシェア」戦略を徹底しているのは（204ページで詳述）、マーケットが縮小しても、「地域ナンバーワンだけは必ず残る」からです。

私が今、販売戦略から人材戦略に大きく舵《かじ》を切っているのも、若者のトレンドの変化に「いち早く気づいた」からです。

定性情報（実際に若者と会話したときの印象）と、定量情報（心理分析などの客観的なデータ）を分析した結果、「ゆとり世代」（1987年～2004年ごろまでに生まれ、ゆとり教育を受け

た世代）以降の人材には、その前の世代とは違う特徴があることに気がつきました。

・ゆとり世代以降は、「給料は人並みでいいので、『休み』や『自分の時間』が取れる会社がいい」と考える学生が増えている。

・特に、２０１８年以降は「チーム意識」が非常に強い。「同期の中で一番になりたい」「同期の中で、誰よりも早く出世したい」と考える新人は少数で、「みんなで一緒に目標を達成したい」と考える。

武蔵野の内定者は、「社長のかばん持ち研修」に同行して（小山昇のあらゆる場面に同行）、かばん持ちの最中に、私に**50個以上の質問**をするのが決まりです。

２０１７年までは、「どうすれば課長になれますか？」「どうすれば新人賞が取れますか？」「どうすれば同期で一番になれますか？」という仕事への意欲を垣間見せる質問が多かった。

ところが、２０１８年以降は違います。「少しくらい相手の領域に土足で踏み込むことになっても、自分の知りたいことは、遠慮せず聞く」というフランクさを見せる内定者が多い。要するに、相手のプライベートに踏み込んでくる（私はどんな質問もウェルカムなので、すべて正直に答えています）。

「小山さんのお財布の中には、今、現金がいくらありますか？ **財布の中身**を見せてください。数えさせてください」

「小山さんの初体験は、いつですか？」

子どものころからスマホを日常的に使いこなし、「知りたい情報はすぐに検索する」ことに慣れている彼ら彼女らにとって、知らないままにしておくことはストレスになる。だから、他人の家に土足で上がることも厭《いと》わないです（半面、自己開示を積極的にしないのも彼らの特徴です）。

若者のトレンドが変わってきた以上、従来の組織のあり方では彼らを戦力化するのは難しい。だから私はリーダーとして、「人の採用と定着が、これからの時代の正しい戦略である」ことを社員に示しています。

刻々と変化する経営環境をにらみ、最善手を見出す。そして、「こうしろ、ああしろ」と部下に指示を出すことが、リーダーに不可欠の資質です。

③ 成果が出るまで、誰よりも粘り強く汗をかく

私はそれなりの能力しかない。能力がないリーダーが結果を出すには、人の何倍も努力をするしかない。どれほど難しい局面でも、どれほど面倒くさい仕事でも、私は途中で投げ出さず、腐らず、泥臭く、粘り強く、前へ、前へと進んできました。

ビジネスで重要なのは、1回で満点を取ることではありません。何度でも落第点を取ってもいいので、あきらめず、地道な努力を積み重ねて、最後に合格点に達することです。

「もうダメかもしれない」という崖っぷちに立たされても、あと1ミリ、あと1歩あがいてみる。すると、絶体絶命と思えた状況が一転し、大成功に転じることがあります。

私は、「良いこと」であっても、「まだ成果が出ていないこと」には興味がない。私

が興味のあるのは、成果が出ることです。

ビジネスで大事なのは成果です。だから、「成果が出ると思ったことは、出るまで徹底してやる」のが、リーダーとしての私の基本方針です。

武蔵野が何度も失敗しながら大逆転劇を演じることができたのは、私とわが社の幹部が、資金の尽きるまで、しぶとく、未練がましく、粘ったからです。

新しい**仕組み**がうまく定着しないとき、普通の会社は、社員が「できません」と報告をして、社長はそれを受け入れます。

ところが私の場合は、社員から「できません」と言われたら、こう言い返します。

「いくらお金を使ったの？　いくら人を投入したの？　できるまで、1億でも2億でも使え！」

ここまで言われた社員は、やるしかない。だから社員は、嫌々ながらしかたなく、できるようになるまでやるようになる。

部下に汗をかかせるために、誰よりも自分が汗をかく。そして結果に結びつける。

それが、できるリーダーです。

＊

本書では、組織を導くリーダーはどうあるべきか、そしてどう部下を指導すべきか、リーダーとしての「あり方」と「やり方」について紹介します。

本書が悩めるリーダーの羅針盤になることを願ってやみません。

末筆になりましたが、執筆のサポートをしていただいた藤吉豊さんと、編集を担当していただいたマガジンハウスの武江浩企さんに心から感謝を申し上げます。

２０２０年３月吉日

株式会社武蔵野　代表取締役社長　小山昇

できるリーダーは失敗が9割

目次

第1章 会社経営は「ギャンブル」と同じである

第2章 いまさら聞けない！「社長の役割」とは？

第3章 部下の「モチベーション」を上げる方法

第4章 「仕組み」をつくって、巧みに運用する

第1章

会社経営は「ギャンブル」と同じである

経営もギャンブルも、「仮説と検証」がすべて

仕事も遊びも、「同じ頭」を使う

私は、麻雀も、パチンコも、競馬も大好きです。

大学では麻雀ばかりしていて、卒業するまで9年間もかかってしまいました。20代のころは毎日のように麻雀に興《きょう》じ、5人で36時間、昼夜問わず打ち続けたこともある。

武蔵野の社員も競馬好きが多いので、従業員満足の一環として、重賞レースを中心に私の**競馬予想を配信**しています。2019年度は、「単勝」は勝率52%、「馬連」（1

着と2着を的中させる投票法）も2点買いで黒字です。ダービーで万馬券、天皇賞と有馬記念も的中させています。

2017年は、オークスとダービーを「馬単」2点で当て、秋のGIレースも「馬単」2点で7戦5勝、**万馬券**もあります。以前はすべてのレースの馬券を購入していましたが、仕事が忙しくなり、出馬表を見て検討する時間がなくなったため、現在は「毎週1レース」と決めています（現在は、馬単か馬連の2点しか馬券を買っていない）。

2019年12月22日の有馬記念では、『ラジオNIKKEI（ニッケイ）』の競馬実況中継にゲスト出演して、馬連（1着と2着になる馬の組み合わせを的中させる投票法）「2990円」を当てました。

日本広しといえど、競馬の実況中継にゲスト出演する中小企業経営者は、小山昇くらいだと思います。

競馬は「勝つこと」が目的で、「儲けること」が目的ではないので、馬券はささやかに購入しています。通常より、一桁二桁と金額を増やすと判断基準が変わり、判断ミスを起こして負けます。

サポート会員の株式会社関通が、2020年3月19日に東京証券取引所で上場されました。私は、未公開株を紹介されたが断った。キャピタルゲインが頭にチラつくと、その会社への指導にブレが出るからです。

パチンコも、ここ数年の勝率は7割です（武蔵野の社員がパチンコに行くと、勝率はせいぜい2割くらい）。

私は結婚して以来、日曜日に出社しませんが、それでも朝からモウレツに忙しい。なぜなら、日報の添削、ボイスメールの返信、ハガキの宛名書き（社員の誕生日などに送るハガキ）を終えたあと、「午前中に3時間かけて競馬の予想をし（GIレースの場合は5時間かけます）、午後はパチンコをする」のが大事な日課だからです。

社員や経営サポートパートナー会員（武蔵野がコンサルティングをしている企業）の社長は、「小山さんが勝てるのは、博才《ばくさい》があるからだ」と私のことを特別視しますが、そうではありません。

私の勝率が高いのは、**研究と分析と努力**の賜物《たまもの》です。「経営とギャンブルは同じ」というスタンスで、遊びも仕事も同じ頭を使っているからです。

私がパチンコ・競馬で勝てるのも、武蔵野が18年連続増収を達成することができたのも、ＰＤＣＡサイクルを回して、**検証と改善**を繰り返してきたからです。

ＰＤＣＡサイクルとは、計画から見直しまでを一貫して行い、さらにそれを次の計画・事業に生かす考え方のことです。

【ＰＤＣＡサイクル】

- **Ｐ**（Ｐｌａｎ／プラン）……仮説を立てて計画する
- **Ｄ**（Ｄｏ／ドゥ）……仮説をもとに、計画どおりに実行する
- **Ｃ**（Ｃｈｅｃｋ／チェック）……仮説どおりの結果が出たかを検証する
- **Ａ**（Ａｃｔｉｏｎ／アクション）……検証の結果、仮説どおりなら継続する。仮説と違っていれば、改善する（新しい計画をつくり直す）

経営も競馬もパチンコも、行き当たりばったりでは勝てない

私にとって、競馬もパチンコもただの娯楽ではありません、**脳を活性化**させる頭の

トレーニングです。全力で、真剣に、本気で勝ちにこだわって、過去のレースデータや、打った機種や台、ホールに関するデータを収集しています。

パチンコ店は、基本的には同じ店長（同じ設定師）が、同じサイクルで玉を出しています。同じ人間が「どの台を出すか」を決めている限り、無意識のうちにその人の癖やパターンがあらわれます。

ですから、店長の継続性がわかれば、「今日、店長がどの台を出そうとするか」がわかります。

定点観測をして、「昨日と今日と明日の違い」に気づけば、どの台が当たるか――正解に近づくことができます。「出そうな台」が見当たらないときは、玉が出ている台の隣に座り、その台を見て勉強し、空きが出ればすぐに移ります。だから大きく負けません。

武蔵野は、社員が指導員の社長（私）と一緒にラスベガス研修に行きます。夜はカジノで、ブラックジャックとスロットマシンです。

ブラックジャックはレートの低い卓に座る（レートの高い卓よりディーラーが弱い）。ただし、ディーラーは基本二人一組で、強い人と弱い人が組む。弱い人の時に、勝負するから負けない。席は、6番目の席に座って、親をドボン（22以上を引かせる）にするのに徹する。

スロットマシンは、片言の英語で掃除の人に「どの台が看板台か」を聞く。2日間続けて遊んでいると当たる。「炎のセブン」は、当たる台と外れる台の違いを発見した。

現場にしか、真実はない。

スロットマシン「炎のセブン」

【パチンコにおけるPDCAサイクル】

・**P**（プラン）……過去のデータを参考に、「この台は、これこれ、こういう理由で出るかもしれない」「この店長は、これこれ、こういうパターンで玉を出しているかもしれない」という仮説を立てます（仮説はデタラメでかまわない）。

・D（ドゥ）……打ちはじめるときも、「3で割って整数になるときは、当たりに近づいているのではないか」「同じ数字が2つ横に並んだときは、当たりが近づいているのではないか」など、仮説を持ちながら台に向かいます。

打っている最中は、自分の台だけでなく、両隣の台にまで目を配ってデータを取ります（たとえば「677」のあと、何回転目で当たったか――など）。

狙ったところに玉が入らないときは、パチンコ台の上皿に2500円分の玉を入れるなど、打ち方を工夫します。上皿の玉を増やすことで、パチンコ台の傾斜が微妙に変わって玉の流れも変わります。

「今日は勝てそうもないなぁ」と思ったら、すぐにやめます。私の場合、「どのタイミングでやめるか」を決めているので大負けをしません。

・C（チェック）……当たりがくれば「仮説は正しい」、当たらなければ「仮説は間違っている」ことが証明されます。武蔵野の社員は負けが込んでいても、一度でも当たれば過去の敗戦を忘れてしまう。だから、いつまでも勝率が上がりません。

パチンコで負けるのは、負ける要因があるからです。そして、負ける要因の裏には必ず**勝てる要因**があります。ふつうの人はセンターを狙って打つが、私は左真ん中に500円で何回累計で入ったかなどのデータ取りをして打っています（1つ入ったら、玉を1つ灰皿に移しておく）。

私は負けたときも、勝ったときも、「なぜ、出たのか」「なぜ、出なかったのか」の振り返りをして、「こうすれば出る、こうすれば出ない」というデータを蓄積していきます。だから勝率が上がっていく。

・**A**（アクション）仮説が正しければ、次も同じ打ち方をする。仮説が間違っていれば、新しい仮説を考えます。

仮説を立てず、行き当たりばったりで打ちはじめたら、出ても出なくても「どうしてそのような結果になったのか」がわかりません。したがって、仮説を立てない人は、当たるか外れるかを運に任せるしかないわけです。

経営もパチンコと同じです。勝負の行方を決めるのは、**「人間心理の理解」**と**「データによる仮説と検証」**です。

私は積み上げたデータをもとに、「お客様はどうしたら喜ぶのか」「ライバル会社の動向はどうか」を繰り返し検証しています。

たとえば、「商品Aの需要が商品Bよりも大きくなりそうだ」と仮説を立てたら、Aを重点的に売ってみる。「商品Aがどれだけ増減したか」を数字で検証し、増えていれば、Aをさらに売り伸ばす。増えていなければ、「どうして商品Aは売れなかったのか」を検証すると同時に、「商品B」にシフトする。

データをもとに仮説を立て、「どうして」「どうすれば」と検証しながら、改善を続ける。だから、パチンコは大きく負けない。仕事は**増収増益**を続けることができるのです。

仮説・検証を繰り返すと、「暗黙知」が使えるようになる

手元のデータが少ない場合は、どうすべきか

会社には、売上、利益、客数、リピート率、メールの開封率、受注と発注のリードタイムなど、さまざまな数字があります。ところが赤字の会社の多くは、こうした数字を**データベース化**していません。

データが蓄積されていない場合、「データが溜まるのを待ってから分析をする」のと、「手元にある少ないデータで、とりあえず仮説を立てる」のでは、どちらが早く結果につながると思いますか？

答えは、後者。つまり、「少なくてもいいから、今あるデータで考えてみる」。トライ&エラーです。

データ量の多いほうが、**分析の精度**も**仮説の精度**も上がります。しかしそれは、分析者に実力がある場合です。

たとえば、スキル「3」の人はデータ量が増えても、スキル「3」の判断しかできません。判断の結果が同じなら、データが溜まるのを待つだけ**時間のムダ**です。データを溜めてからのプロセスでは、スピードが遅すぎます。

スキル「3」の人が少ないデータをもとに判断をするとどうなるかといえば、たいていは、判断を誤ります。ですが、「なぜ間違えたのか」を検証することで、スキルは「4」に上がる。

トライ&エラーを繰り返すうちに、スキルが「5」「6」「7」……と少しずつ上がっていき、3ヵ月後にはスキルが「10」になるかもしれない。そのころには分析者の実力も上がり、データ量も豊富になって、仮説・検証の精度も上がります。

PDCAサイクルを回し続けると（トライ&エラーを繰り返すと）、自分の「頭」の中にも膨大なデータが蓄積されます（失敗体験や成功体験も蓄積されます）。すると、データを見た瞬間に、「この場合は、こうなる」「こうすると、失敗する」「こうしたほうが、もっと良くなる」ことが経験的、実感的にわかるようになります。

これまでの**経験から判断する知恵**のことを「暗黙知」と言います。仮説は、あくまでも「こうなるかもしれない」という予測ですが、私の場合は、暗黙知を働かせているので、「こうなる」という結果が見通せる。だから即断即決できます。

「定量情報」と「定性情報」を組み合わせる

競馬は、「定量情報」と「定性情報」を組み合わせて予想を立てます。定量情報は、数値化できる情報のこと。定性情報は、数値化できない情報（厩務員《きゅうむいん》、騎手、調教師、トラックマンなどの声など）のことです。

競馬新聞の「予想」を反対から読むと「う・そ・よ（嘘よ）」。私は、予想や情報のすべてを鵜呑《うの》みにすることはなく、「新聞のここは参考にするが、ここは参考にしない」と情報の取捨選択をしています。

定量情報では、「馬体重は参考にしない」など、**検討しない項目**を決めています。「体重が数百グラム増減しても、さほど影響はない」からです。

定性情報も選択しています。私は、厩務員のコメントより調教師のコメントを重視しています。見ている（世話をしている）馬の数が調教師のほうが多いため、調教師は相対的に（他の馬との比較を交えながら）馬のコンディションの違いを語っています。

私がフランス人騎手、クリストフ・ルメールのコメントを参考にするのは、ルメールも馬を相対的に評価しているからです。

競馬は、参加馬の順位をつける「相対評価の競技」ですから、競走馬同士の相対評価、あるいは、競走馬自身の相対評価（過去との比較）が大切です。

武蔵野は、社員の人事評価も、競走馬と同じように、絶対評価と相対評価の2つの軸で評価しています。社員の賞与評価はプロセス評価、業績評価、環境整備の点数、部下との面談、残業減の組み合わせで決まります。

プロセス評価は定性的評価で、仕事に対する取り組み方を評価します。

【武蔵野のプロセス評価項目】

①仕事の責任を自覚し、常にお客様第一主義で仕事を行ったか
②会社や上司の方針を十分に理解していたか
③仕事遂行上の工夫改善や能率向上に努めたか
④上司や同僚との仕事上の報告・連絡・相談は的確であったか
⑤幅広くレベルの高い仕事ができるよう能力の向上に努めたか
⑥実行計画（個人）を常に意識して仕事を行っているか

一方、業績評価は定量的評価、つまり**数字による評価**です。対前年比の粗利益額、対前年比の営業利益などで評価が決まります。

プロセス評価と業績評価のバランスは職責によって異なり、職責下位の社員は「プロセス重視」、職責上位の社員は「業績重視」です。

・**職責下位**……一所懸命やれば評価を上げることができる
・**職責上位**……一所懸命やっても、結果が出なければ高評価を得ることはできない

社長が避けて通れない「3大ギャンブル」①

どの事業をするか（事業内容）

ビジネスとギャンブルの共通点

パチンコや競馬を筆頭に、「ギャンブル」というと世間的にはイメージが良くありません。しかし私は、会社経営も本質的にはギャンブルと同じだと考えています。

ギャンブルの世界でも、会社経営の世界でも、「運」だけで勝ち抜くことはできない。

私は、「経営こそ最大のギャンブルである」と公言しています。

ギャンブルと経営には、次のような共通点があります。

【経営とギャンブルの共通点】

・状況をつぶさに観察する
・相対評価と絶対評価を組み合わせる
・仮説を立てて検証する
・ＰＤＣＡサイクルを回して勝率、確度、精度を高める
・人間の心理を本質的に見抜く
・儲けることより「勝つこと」を重視する
・全勝はありえない（失敗、敗戦の中から学ぶ）

社長をする以上、絶対に避《さ》けて通れないギャンブルが「３つ」あります。３つのギャンブルの勝敗いかんで、会社の業績は大きく変わります。

【社長の３大ギャンブル】

①どの事業をするか（事業内容）
②誰を採用するか（採用）

③ **誰をどこに配属するか（人事）**

※社長の性格・体験・経験で選択する

自社に適したビジネスモデルを構築しなければ、勝てない

私は次の2つの視点を持って、武蔵野の事業モデルを構築しています。

・**視点1**／一発勝負型か、リピート型か
・**視点2**／ミツバチ型か、クモの巣型か

●視点1

・**一発勝負型**……単価は高いが、次の購買につながりにくい。「鉄砲」を売るビジネスモデル

・**リピート型**……単価は安いが、同じお客様に、同じ商品を、定期的に繰り返し販売できる。「弾」を売るビジネスモデル（武蔵野のビジネスモデルはリピート型）

「鉄砲」は高額で売れると儲けは大きい。しかし、何度も買い換える商材ではないため、同じお客様から利益を頻繁に積み上げていくのは難しい。鉄砲で利益を上げるには新規顧客を獲得し続ける必要があり、経営が安定しにくい。

一方で、「弾」は消耗品です。鉄砲を買った人は必ず弾を使い、鉄砲を利用し続ける限り補充します。したがって、単価は安くても安定的に利益を生むことが可能です。

ダスキン事業も経営サポート事業も、リピート型のビジネスモデルです。わが社が開催するセミナーは単発ではなく、リピート受講をうながす設計になっています。

「経営計画書」は毎年つくり直すから、「経営計画実践セミナー」「経営計画書の作り方作成支援合宿」といったセミナーを用意しておけば、セミナーが「弾」となってリピート顧客を獲得できます。

また、内定者や新卒者向けのセミナーをカリキュラム化しておけば(内定者実践塾)、新卒採用、定期採用をする企業に、毎年提供することができます。

◉視点2

・ミツバチ型……お客様を訪問して商品・サービスを売るビジネスモデル

・クモの巣型……店舗をかまえてお客様を待つビジネスモデル

武蔵野のダスキン事業部は、ミツバチ型です。会社からミツバチがお客様のところへ飛んで行って、蜜を集めてきます。

飲食店やホテルなどはクモの巣型。クモの巣を張ってお客様が来るのを待ちます。クモの巣型の場合、リピーターを飽きさせないために利益を未来に投資して（設備投資をして）、店舗や施設を刷新する必要があります。

ハウステンボス、ディズニーランド、旭山動物園にリピーターが集まるのは、定期的にアトラクションを新設しているからです。

現地見学会は、武蔵野の本社・支店を参加者に公開し、ベンチマーキングしていただくクモの巣型のセミナーです（これまでに4万人以上が視察、累計で16億円以上の売上）。

世の中は、変化しています。法律も変われば人口分布も変わります。お客様の嗜好も思考も志向も変わる。**昨日正しかったやり方が今日も正しい保証はどこにもない。**

だからこそ、現場も変わらなければならない。

現地見学会にリピーターが多いのは、武蔵野が新しい仕組み、設備、システムを積極的に導入し、常に変化、進化、更新をしているからです。


クモの巣作戦の中にミツバチ作戦を取り入れて「併せ技」にすると、さらに効果的です。

お好み焼き・鉄板焼「きん太」の株式会社テイル（京都府）の金原章悦社長は、クモの巣作戦でお客様をお店に呼び込み、店内でホールスタッフがミツバチとなってお客様におすすめメニューや季節限定メニュー（季節限定メニューは粗利益率を高く設定しておく）の注文をとる。クモの巣とミツバチの相乗効果で売上を伸ばしています。


自社の事業が鉄砲を売るビジネスモデルなのか、それとも弾を売るビジネスモデルなのか。自社の事業が「ミツバチ型」に適しているのか、それとも「クモの巣型」に適しているのか。

社長は、ビジネスモデルを見誤ってはいけない。自社にふさわしい事業内容を見極めてリソースを集中させる。それができなければ、どれほど頑張っても利益を上げることはできません。

社長が避けて通れない「3大ギャンブル」②

誰を採用するか（採用）

武蔵野が「優秀な人」より「それなりの人」を採用するワケ

会社の業績は、「誰を採用するか」で決まります。新入社員を採用するとき、多くの社長は「優秀な人」「能力が高い人」「高学歴の人」の採用を考えます。

ですが私は、逆の発想で「優秀な人、能力が高い人、高学歴の人は採用しない」と決めています。「戦力になる人材」とは、能力の高い人材ではなく、「社長と価値観が共有できている人材」と私は考えています。

ですから、私が求めているのは、

「私（武蔵野）と価値観が合う人」

「わが社の文化、社風に馴染める人」

です。

価値観が揃《そろ》っていれば、社員全員で同じ戦い方ができるため、多少能力が劣っていても、組織力で勝負できます。

強い組織をつくるには、「全員が同じ価値観を持つ」ことが不可欠です（面接時の質問や心理分析ツールを使って、価値観が合うか合わないかを判断しています）。

「高校野球の名門校で1年のときからレギュラーを取っていた選手」が、甲子園予選で万年1回戦負けの弱小高校に転校した場合、転校生も弱小高校の選手も、どちらもやる気を失います。レベルが違いすぎるからです。

会社も同じです。武蔵野のレベルが１００点満点の「50」とすれば、採用する人材のレベルは「40～60」の範囲に留めています。

レベルが高すぎても低すぎても、実力を発揮することができない。レベルを合わせた上で、社員教育（価値観を共有するための教育）を徹底することが組織力を高める要諦《ようてい》です。

武蔵野には、「それなりの人材」しかいない。ですが、全員の価値観が揃い、レベルも揃い、小山昇と同じように行動できる。だから、武蔵野は強いです。

私が社長になったとき、武蔵野は正真正銘の落ちこぼれ集団で、ブラックでした。猫の手も借りたかったので、「運転免許証を持っている」「明日から出勤できる」「日本語が話せる」の理由だけで採用を決めた社員もいます。

面接時間は、たったの5分です。

履歴書はアテにしませんでした。なぜなら、平気で嘘を書いてくるからです（笑）。

「運転免許証は持っている？」

「はい」

「いつから出社できる？」
「明日からでも大丈夫です」
「運転免許証のコピーを取ってもいい？」
「大丈夫です」
「はい、採用！」

5分で採用した社員が、現在、幹部として15人活躍しています。

わが社には、いわゆる一流大学出身者はいません。国立大学卒は男性ゼロで、女性は2人だけ。学歴という意味での優秀な人材は、武蔵野にはいない。

それでも最近の10年間で9回増収増益を続けているのは、「優秀過ぎない社員」「それなりの社員」「価値観の合う社員」「既存の社員とレベル差が少ない社員」を採用し、戦力化した結果です。

「エステティックサロン シエアラ」（石川・富山・福井・新潟・名古屋）を展開する、株式会社テルズ＆クイーンの鈴木一輝社長も、経営計画書を基軸として、社長と幹部、幹部と一般社員の「価値観を揃える」ことに注力しています。

鈴木社長は、「経営計画書に、社内の共通言語が記されているので、経営計画書の方針をわかりやすく、かみ砕いて指導できるリーダーが信頼される」と話しています。

「経営計画書は会社のルールブックで、ルールブックに基づいて指導をすれば、部下も納得します。一方、ルールを無視して、自分の主観、所感で指導する店長は、信頼されません。経営計画書ではなく、自分の考えを部下に押し付ける店長は、一時的に店舗の売上を上げることができても、最終的に崩れることが多い。なぜなら、その店舗には会社の文化や共通言語が浸透しないからです」（鈴木一輝社長）

新卒社員の定着率が向上した4つの理由

2003年以降、武蔵野の**新卒社員の定着率が劇的に向上**しています。現在、入社3年以内の離職率は「3%」です（2013年の学歴別卒業後3年以内離職率の平均は、大学卒で31・0%／厚生労働省発表）。

新卒の定着率が向上した理由は、おもに「4つ」あります。

【新卒社員が定着する4つの理由】

①「採用に関する方針」を徹底する

② 採用部を設置してエース社員を登用する

③ 内定者研修に力を入れる

④ 新入社員のトレンドに合わせて会社をつくり変える

①「採用に関する方針」を徹底する

経営計画書（会社の数字、方針、スケジュールをまとめた手帳型のルールブック）に「採用に関する方針」を明記しています。

「採用に関する方針」には、

- **価値観を共有できる人を優先して採用する**
- **現実・現場・現実を数多く体験させ、良いところ、悪いところを見せる**

・新卒採用は採用担当が行い、中途・パート、アルバイト採用は各部門の責任者が行う
・新卒の学歴や成績は、参考程度にしか評価しない
・3年以内に転職を考えている人の採用はしない

など、武蔵野の採用基準と採用規定を具体的に示してあるため、「辞めない人材」「武蔵野に適した人材」を採用できるようになりました。

② 採用部を設置してエース社員を登用する

２００１年まで、新卒採用は総務部が担当していました。ですが、総務との兼任では通年での採用戦略が立てられないし、入社後のケアやフォローにも手が回りません。そこで２００２年から、「採用部」を設けました。採用部には、**若手のエース社員**を配属させています。

多くの会社は、実力のある若手社員を売上に直結する部門（営業部や販売部）に配属します。ですが私は、「若手のエース社員こそ、採用担当者に適任」だと考えています。なぜなら、内定者のロールモデルになるからです。

若手のエース社員は、内定者にとって、「武蔵野に入れば、あの人みたいになれる」「武蔵野に入って、あの人のようになりたい」という手本になります。

③ 内定者研修に力を入れる

内定者には、「環境整備研修」「ビジネスマナー研修」「実行計画作成研修」「セールス研修」「内定者実践塾」「インターンシップ（社長のかばん持ち）」「給料体系勉強会」など、さまざまな勉強会に参加していただきます。

内定者研修を実施すると、武蔵野の文化に馴染むことができます。武蔵野の実態と実体を承知の上で、それでもなお「武蔵野に入社したい」と望んだ人材を採用しているため、離職率が低い。

④ 新入社員のトレンドに合わせて会社をつくり変える

私はさまざまな心理分析ツールや適性テストを用いて、若者のトレンド（価値観）の変化を追っています。公益財団法人「日本生産性本部」が提供している「エナジャイザー（energizer）」というツールを使うと、業務能力、性格、業務適正、価値観など、目に見えない特性を診断することが可能です。

多くの会社では、従来の会社のやり方に新入社員を合わせようとします。ですが、それだけでは今の若者はついてきません。会社のやり方を押し付けられると、ストレスを感じて辞めてしまう。

会社のフレームワークに新卒社員（内定者、就活生）をはめ込むのではなく、人が辞めないように、そして人が採用できるように、**若手のトレンドに合わせて会社を少しずつつくり変える**ことが必要です。


【若者のトレンドの変化と対策】

・ストレス耐性が弱い

対策……かつてのように、「上司が厳しく接して、社員の奮起をうながす」ことはできない。少しずつストレス耐性を強くしていくのが正しいマネジメント。

・「給料」よりも「休み」が優先する

対策……残業や休日出勤が多ければ、新卒社員はすぐに辞めてしまうため、残業削減に取り組む。有給休暇、連続休暇が取れる仕組みをつくる。

・チーム意識が強い

対策……「同期の中で一番になりたい」と考える人は少数。「力を合わせて、みんなで一緒に目標を達成したい」と考える傾向にあるため、グループごとに社員教育をしたほうが結果を出しやすい。

社長が避けて通れない「3大ギャンブル」③

誰をどこに配属するか（人事）

人材の適正配置4つのポイント

「誰をどこに配属するか」「誰に何をやらせるか」「誰をリーダーにするか」「誰と誰を組ませるか」によって、組織力は変わります。

適正配置のポイントは、次の「4つ」です。

【人材の適正配置のポイント】

① 仕事ができる者同士、仕事ができない者同士で組織をつくる

② 得意・不得意を見極める

③ 出世する気のない「居《い》る気」の社員を大切にする

④ 中途社員と新卒社員を差別しない

① 仕事ができる者同士、仕事ができない者同士で組織をつくる

人が集団を形成すると、2：6：2の割合で3つのグループに分かれると考えられています。

いわゆる「2－6－2の法則」です。

- **上位2割**……高い収益性を上げるグループ
- **中位6割**……平均的なグループ（母集団）
- **下位2割**……収益性の低いグループ

わが社は、「それなりの人材」しかいません。社員の間に能力・学力に大きな差はありませんが、それでも「2：6：2」の割合で3つのグループに分かれます。

・上位2割……仕事ができるそれなりの人材（A評価以上）
・中位6割……仕事がまあまあできるそれなりの人材（B評価）
・下位2割……仕事ができないそれなりの人材（C評価）

多くの社長は、「仕事ができない部下は、優秀な上司の下に配属させたほうが成長する」と考えますが、これは間違いです。できる社員とできない社員を戦わせても意味がありません。組織づくりは「同じレベルの社員を組み合わせる」のが基本です。

武蔵野の人事評価は相対評価です。グループに属する社員を比較して順位をつけているため、全員にA評価をつけることはできません。評価に差がつく仕組みです。

A評価以上の社員と、B評価の社員と、C評価の社員をもれなく、まんべんなく組み合わせて配置すると、組織は成長しません。

なぜなら、A評価の社員は、「B、Cが多いこのメンバーなら、次も自分がA評価だろう」と気を抜く。B・C評価の社員は「A評価の人がいると、次も自分はA評価になれない」とあきらめてしまうからです。

同等の力を持っている人同士で組織を構成すると、切磋琢磨《せっさたくま》します。

「優秀な上司に、優秀な部下をつける。仕事ができない上司には、仕事ができない部下をつける」ほうが正しい。

A評価以上を集めた組織は、B・C評価に落ちる可能性があるため、それまで一度も挫折を味わったことがない社員に、苦い思い（失敗の経験）をさせることができます。人は失敗の体験がないと成長しません。

また、B・C評価を集めた組織では、「自分も頑張ればA評価が取れる」と希望を持ち、一所懸命仕事に打ち込みます。

競馬の場合、強い馬は強い馬同士、弱い馬は弱い馬同士で競走が行われます。一度も勝ったことがない馬は、未勝利戦を戦う。一度敗北したからといって切り捨てられるわけではありません。

武蔵野の社員も競走馬と同じです。強い社員同士、弱い社員同士が戦う。誰にでも勝つチャンスがあるから一所懸命汗をかき、頑張ります。

どれほど「実力」があっても、必ず「評価」が落ちる仕組み

エリート意識の強い社員に共通しているのは、

「ストレス耐性が弱い」

「挫折に弱い」

ことです。

だから、一度や二度の失敗で自信をなくし、会社を辞めようとする。

ですが、こうした社員は子どものころから、「叱られる」「泣かされる」「失敗をして、そこから立ち直る」という経験をしていないので、「自信をなくすのがエリートの正しい姿」ともいえます。

若手エリートは、たしかに打たれ弱い印象です。するとダメな上司は、「イマドキの若いヤツは根性がない」と嘆きますが、悪いのは彼らではありません。学校教育をはじめとする社会が、そういう人材を生み出しているから、**根性がないのが正解**です。

とくに「ゆとり世代」以降、新卒社員のストレス耐性は、年々、弱くなっています。武蔵野の教育は実践的で、「習うより、慣れろ」「実務が先、理論があと」です。かつてはストレス耐性が強い社員が多かったので、羽がまだ生えていない新人にいきなり巣立ちをさせて、「おら、契約取ってこい」と荒っぽい教育をしていました（笑）。しかし現在は、**真逆**です。「生まれたての雛鳥《ひなどり》」のようにやさしく扱い、できるかぎり手を差し伸べるようにしています。いきなり野に放つとストレスに耐え切れず、彼らはどこかに飛んで行ってしまい、巣に戻ってきません。

そこで、実力のある若手社員には早いうちから適度なストレスを与えて、ストレス耐性を強くしています。

A評価を取り続けている若手社員は、すぐに課長に昇格させる。するとその社員は、昇格後、必ず壁に当たります。

課長職になったばかりの新人課長と、もうすぐ部長になるベテラン課長が相対評価で戦ったら、ベテラン課長の圧勝です。A評価を取り続けてきた新人課長も、ここではじめて評価を落として「悔しさ」を経験します。

どれほど実力があっても、必ず「挫折」を経験させる。実力のある社員ほど、何度も挫折を経験する。それが武蔵野の巧みな仕組みです。

②得意・不得意を見極める

単純な仕事ではA評価が取れないのに、複雑な仕事に変えたとたん、A評価が取れる社員がいます。新規顧客の開拓は苦手だけれど、リピーターのフォローには定評のある社員もいれば、その逆もいます。攻めが得意な社員も、守りが得意な社員もいます。

人には得意・不得意があり、一所懸命仕事をしても結果が残せないとしたら、原因のひとつは、**不得意な仕事をさせている**ことです。そんなときは、人事異動を行って仕事を変えてあげる。すると結果を出します。

私が社員に対して徹底していること――

それは、

「不得意な業務はやらせない」

ことです。

私は、「不得意なことでもやらせ続ければ、いずれできるようになる」とは考えていません。短所を補正し長所を生かすやり方ではなく、長所を最大化する。「得意なこと」を伸ばしたほうが**会社のため**にも、**本人のため**にもなります。

武蔵野で、「エマジェネティックス」という分析ツールを組織づくりに活用しています。エマジェネティックスは、脳科学の理論と70万人以上の統計をもとにして、人間の思考特性と行動特性を分析するツールです。

診断テスト（100項目からなる質問の回答）の結果から、プロファイルを作成。その人の特性を「4つの思考特性」と「3つの行動特性」で分析します。

このツールを使うと、

- **その人がどのような考え方をする傾向にあるか**
- **その人がどのような行動を取ることが多いか**
- **未経験のことについて、どのようにアプローチする可能性が高いか**

・人からどう見られ、人にどう反応する可能性が高いか
・何を得意と感じ、何を不得意と感じているのか

などが明らかになるため、人材の適材適所が可能になります。

株式会社エネチタは、愛知県でエネルギー（サービスステーション運営、ＬＰガス販売など）や不動産仲介、リフォーム、フードサービス業（餃子の王将）などを展開しています。後藤康之社長も、「人事異動は、隠れた人材を見つける機会である」と認識しています。

「売り上げが落ちてきたリフォーム事業を立て直すため、『普段からおとなしいし、自分の意見もあまり言わないし、人を引っ張っていくタイプではない』と思っていた人材を試しに抜擢したら、これが大当たりでした。彼の『言われたことをきちんとやる実直さ』が功を奏して、業績は右肩上がり。人には向き、不向きがあります。人事異動をすると、隠れていた人材が見つかることを実感しています」（後藤康之社長）

③ 出世する気のない「居る気」の社員を大切にする

社員の思考性は、十人十色です。

仕事に対する考え方は、人それぞれ。「出世したい人」もいれば、「出世は望まず、今の仕事でそこそこ頑張りたい人」もいます。

どの会社でも、「やる気の社員」と、「居る気の社員」がいます。

「居る気の社員」は、余計な仕事をせず、最低限の給料をもらえれば満足する「万年ヒラ社員」です。

多くの社長は、居る気の社員の存在を会社のお荷物だとみなして、「しっかり働いてほしい」「やる気がないなら辞めてほしい」と考えます。

ですが私は、「居る気の社員」こそ、重用すべきだと考えています。理由は2つです。

理由1……居る気の社員がいたほうが、組織は丸く収まる

不必要だからといって「居る気の社員」をクビにすると、頑張っている他の社員がビリになり、頑張っている社員のモチベーションが下がってしまいます。

理由2……居る気の社員も、やがて覚醒する

「結婚する」「子どもができる」「子どもが進学をする」「家を買う」といったライフイベントがあると自覚が芽生え、居る気の社員も少しずつ頑張るようになります。

古参社員の大崎寿行も、**居る気からやる気に変わった**社員です。

大崎は1991年度入社で、当時としては過去最高学歴の持ち主。ですが、若い時分に病気を患ったこともあったため、「無理なく仕事をして、ほどほどの給料をもらえばいい」という居る気の代表選手でした。

かつてのわが社は月に100時間残業をする超・超・超ブラック企業でしたが、大崎だけは、しれっと定時でタイムカードを押し、土日も絶対に出勤しない「ひとりホワイト社員」でした。

ところがそんな大崎が、入社25年目にして、ようやくやる気を出した。遅すぎる開花でした(笑)。

武蔵野では退職金がない代わりに、**定年後も働ける再雇用制度**があります。退職金の一時金をもらうより、「定年後も働ける会社が社員は喜ぶ」というのが私の持論です。

退職金700万円より、年収350万円で定年後も働くのが、経済的にも身体にもいい。朝起きて、やることがあることがいちばんです。顧問の伊藤修二は、定年後8年働いています。

私が大﨑に、冗談で「平社員は再雇用しない」と言ったら、大﨑は「60歳の定年までに課長にならないと再雇用してもらえない」と勘違いをして、急に日曜の研修に出席しはじめた（日曜の研修出席者は平日に代休）。

おそらく大﨑は、入社当初から、「波風を立てずに働いて、60歳になったら仕事をやめて、あとはのんびり過ごそう」と考えていたのでしょう。しかし、人生100年時代が到来し、人生設計の変更を余儀なくされた。「定年後も会社にいるためには、今、頑張らなくてはいけない」と**意識**を変えた。

もともと潜在能力は高かったので、やる気になれば結果はついてくる。現在、大﨑は課長として頑張っています。

④ 中途社員と新卒社員を差別しない

中途採用は、おもに「欠員補充」「戦略的な補充（新規事業など）」のために行っていますが、もうひとつ「組織を活性化させる」「組織に変化を与える」という目的があります。

基本的に、新卒も中途も分け隔てなく働けるのが武蔵野の特徴です。公平性を保つため、「2：1の法則」に従って社員を昇格させています。

【2：1の法則】

・優秀な社員2人と、古くからいるが実力の少し劣る社員ひとりを同時に昇格させる

実力は少々劣っていても、経験のある社員を昇格させることで、社員全員に「自分も上に上がれるかもしれない」という希望を持たせることができます。

・新卒社員（生え抜き社員）2人と、中途社員ひとりを同時に昇格させる

かつての武蔵野は、社員の100％が中途採用でしたから、課長に3人昇格させる場合は、3人とも中途社員でした。

新卒採用をはじめてからは、「中途から2人、新卒からひとり」を課長に昇格させ、新卒社員の人数が中途を上回ってからは、「新卒から2人、中途からひとり」を昇格させています。新卒ばかり昇格されると、中途社員は「どうせ自分は中途だから、出世できない」とあきらめてしまいます。

わが社は、

「すべての社員にチャンスを与え、成績によって差をつける。学歴による差別はしない」

が基本方針です。

中途社員も新卒社員も、まったく同じ条件で働くことができる。だから公平です。

第2章

いまさら聞けない！「社長の役割」とは？

社長の役割①

変化についていく

会社が赤字になるのは、99％社長に原因がある

中小企業の会社経営において、社長の仕事ほど重要なものはありません。中小企業の趨勢《すうせい》は、社長ひとりで99％決まります。

自社の経営が思わしくないとき、残念な社長は、原因を外部環境に求めます。「市場に活気がない」「人材が不足している」「消費が冷え込んでいる」「商品に魅力がない」……と言い訳をする。ですが、それは間違いです。

会社が赤字になるのは、社長が自分の役割を理解していないからです。

会社を黒字にするために、社長が遂行すべき役割は、おもに次の「6つ」です。

【社長の役割】

① 変化についていく
② 決定する
③ チェックする
④ 社員を守る
⑤ 責任を取る
⑥ ナンバー2を決める

経営とは「環境適応業」である

組織は変化を好みません。大きな組織ほど、保守的です。お客様のための活動より、組織の存続のほうが優先されやすい。既得権が守れるからです。

JRの前身、「国鉄」(日本国有鉄道)が赤字だったのは、一部の既得権益者が顧客を無視して、自らの利権、既得権の保持を手放さなかったことが大きな原因です。

現在、鉄道業界における売上高トップ3は、上から順にJR東日本、JR東海、JR西日本の3社です。超赤字体質だった国鉄が超黒字体質のJRに変わったのは、組織よりも顧客を優先して、経営の抜本的な改革を断行したからです。

経営とは「環境適応業」です。私は、「お客様の要求に合わせて、**コロコロと組織を変える**わが社の柔軟さ」を誇りとしています。

市場やお客様は「分秒の単位」で変化し続けています。市場やお客様が急速に変化を続ける以上、それと同等以上のスピードで会社を変えていかなくては、あっという間に取り残されてしまいます。

「レコード」がなかった時代、音楽が好きな人は、楽団による「生演奏」を楽しんでいました。

ところがエジソンが1877年に「フォノグラフ」(世界初の再生可能な蓄音機)を発明してから、楽団のマーケットは縮小。レコードが市場を支配しました。

その後、カセットテープが登場します。カセットテープはレコードと比べて安価で、コンパクトで、音が飛ばない。カセットテープのシェアはレコードを上回り、CDが登場するまで主要なパッケージ音源として人気を誇りました。

１９８０年代になると、CDの誕生によってカセットテープとレコードは下火になり、現在はインターネットの「音楽配信」が普及して、CDの売れ行きは風前の灯火です。

どの時代も、「音楽を楽しむ」マーケットは存在しています。ですが技術革新によって、人々の「楽しみ方」は変化している。したがって時代の変化に合わせ、いち早く会社をつくり変えていくのが社長の役割です。

レコードをつくる会社、カセットテープをつくる会社、CDをつくる会社でい続けようとすると、技術の進歩にともなって衰退してしまう。けれど「音楽の楽しさを提供する会社」であれば、どの時代でも勝ち残っていくことが可能です。

変化は起こせないが、変化についていくことはできる

中小企業は、大きな変化を起こすことはできません。けれど、変化についていくこ

とはできる。
会社が生き残れるかどうかは、**時代の変化に自社を対応させていけるかどうか**で決まります。

まるか食品株式会社（広島県／川原一展社長）は、スルメフライを主体に、海産珍味およびスナック類の製造販売をしています。まるか食品の「イカ天瀬戸内れもん味」は、工場を24時間稼働させるほどの大ヒット商品です。

注文が殺到して生産が間に合わず、出荷までのリードタイムが「3ヵ月」になったとき、川原一展社長は、「これ以上注文を受けると納期がさらに遅れて、お客様に迷惑がかかる」と思い、販促の手を緩めていました。

当時、展示会へ出展する際も、「注文をいただいてもお引き受けできないから、控えめに商品を展示しよう」と1小間《こま》（小間＝出展スペースの単位、ブース）の小さな展示を考えていました。そのことを知った私は、川原社長に次のようにアドバイスをしました。

小山　「川原さん、1ブースはダメ。最低でも2ブースにしたほうがいい」

川原社長　「ブースを広くすれば、それだけたくさんのお客様がお見えになります。新規のお客様から『取引をしたい』とお申し出をいただいても、今の生産体制ではいっぱいいっぱいで、仮にお受けした場合、納期がさらに遅れて4ヵ月、5ヵ月先になってしまいます」

小山　「新規の発注があった場合は、『値引きを要求してくる取引先』をあと回しにする。あと回しにした結果、『早く納品してほしい』とクレームが入ったら、そのときは、『正価販売のお客様を先に納品しております』と言えばいい。

儲けが出る相手は先に納品をして、儲からないところは後回しにする。そうすれば値上げ交渉に持ち込むこともできるので、粗利益額を増やすことができる。

それと、一から十まで、一気通貫《いっきつうかん》でやる必要はない。袋詰めが間に合わないなら、隣の会社に袋詰めを外注する。基幹技術を明かさない範囲で同業他社を下請けにする。製造ラインをもうひとつ増やすなど、手はいくらでもある。大事なのは、シェアを増やすこと」

既存のお客様だけでは、現状維持（**前年実績**）**が精一杯**です。川原社長は、現状維持の路線から拡大路線に変更。

まるか食品は顧客の声に合わせて自社を変えたから、**粗利益額**を大きく伸ばすことに成功しました。

社長の役割②

決定する

会社の命運は「やり方」ではなく、「決定」で決まる

中小企業の社長の多くは、失敗を恐れるあまり「決定」をしたがりません。決定は、いくつかある手段の中から、会社の方向性を見極めて選択することです。

「間違った決定をする社長」と、「間違わないけれど、何も決定しない社長」では、私は前者の社長を評価します。

なぜなら、会社の命運は「やり方」で決まるのではなく、「決定」で決まるからです。

社長が「こうする」という決定を明確にしなければ、社員は「どの方向に進めばいい

いのか」がわからず、**行き当たりばったり**の経営に陥ってしまいます。

間違った方向に進んでも（間違った決定をしても）間違いに気づき、「なぜその決定が間違っていたのか」を検証すれば、正しい進路に変更することが可能です。

私は毎年、会社の方針と、会社の数字を決定し、経営計画書に明記しています。

・**方針**……社員は「面倒なことはやらない。都合の悪いことはやらない」のがまともです。だとすれば、「面倒なことでも、都合の悪いことでも、やらざるを得ないルール」を決定するのが社長の役割です。

・**数字**……今期はいくら利益を出したいのか。5年後はいくら利益を出すのか。目標とする数字が決まれば、

「その数字と現状には、どれくらいの開きがあるのか」

「その開きを埋めるためには、何をすべきか」

「その数字を達成するために、何を新しくはじめ、何をやめるべきか」

といった実行計画が明確になります。

会社の方針や社長の決定について、社員が共通の認識を持っている会社とそうでない会社では、その差は歴然です。

正しい決定を行うためには、経営判断に必要な情報を正しく吸い上げる必要があります。

わが社は、「情報マネジメントに関する方針」を定めていて、情報の集め方、分析のしかた、活用のしかたを仕組み化しています。

会議では、次の「5つ」の情報を、職責下位から①から⑤の順番で報告するのが決まりです。

方針を決定する上で必要なのは、客観データです。「数字」には恣意的《しいてき》な要素が入り込む隙がないから、もっとも客観的です。したがって、実績（数字）を最初に報告をする。

一方、「自分の考え」は社員の主観が混じりやすいため、最後に報告がルールです。

【5つの情報】

①実績報告（数字）
②お客様からの声（褒められたことやクレーム）
③ライバル情報
④本部・ビジネスパートナー情報
⑤自分・スタッフの考え

社員が報告する間、社長は口を挟まずに、**聞き役**に徹します。

そして全員の報告をすべて聞き終えたら、「これは追加販売しろ」「これはやめろ」「この社員をあっちの部署に異動しろ」と決定を下します。これなら現場の事実に基づいた方針を決められるので、市場の変化に正しく対応できます。

「損して得取る」決定をする

決定ができずに優柔不断になるのは、覚悟ができていないからです。「損」をすることを覚悟すれば、何事も早くできる。優柔不断になるのは、「リスクを背負わないで得をしたい」と考えるからです。そんな虫のいいことは、世の中にはありません。

新しいＡＩシステムを社内に構築することにしました。このシステムを開発できる取引先は、Ａ社とＢ社の２社です。Ａ社とＢ社がいずれも「３０００万円」の見積もりを出してきたとき、多くの社長は「どちらにするか」を検討します。そして、「値引きに応じてくれるほう」を選びます。損をしたくないからです。

ですが、私は違います。私はＡ社にもＢ社にも、**両方発注**した。コストは倍の６０００万円かかりるが、両社に発注したほうが「うまくいく」確率が高くなるからです。それに、値引き交渉する時間がもったいない。

コストを抑えることも大切ですが、この局面でもっとも優先すべきは、新システムを早く、確実に運用することです。

これまでにない新システムを開発するから、私には「Ａ社とＢ社のどちらのシステムが優れているのか」「Ａ社とＢ社では、どちらがプロジェクトを成功させる確率が高いか」を判断することはできない。だとしたら、両社に開発させるのが得策です。

大切なのは、システムが早く「時間」を買うことです。

私はかつて、システム部の担当部長に5000万円の予算と1年間の猶予を与え、ホストコンピュータの入れ替えと営業支援用プログラムの作成を命じたことがあります。中小企業にとって5000万円の開発予算はリスクが高い。

しかし5000万円を投じても、それによって5000万円以上の経費削減ができればプラスになる。「損して得取れ」です。

目先の損失も、長期的に考えれば利益に変わる

省力化、効率化の実現のために、私は迷わずお金を投入します。「いいものはすぐに導入する」のが私の考えです。

リースしている現製品よりも優れている製品が登場したら、まだリース期間中であっても、違約金を払って借り換えます。

自動ブレーキが車両に装備されるようになったときは、その瞬間に、当社でリースしていた170台の車両すべてを**自動ブレーキ装備車**に切り替えました。リース期間中でしたからキャンセル料がかかり、「3500万円」の違約金を支払いました。

多くの社長は、違約金を損ととらえ、「リース期間が満了してから切り替えよう」と考えます。

ですが、私は「お金よりも安全」を取る。残りのリース期間中に事故が起こらないとも限らないからです。

私はトータルで物事を見ています。短期的な出費が生じても、結果的に（長期的に）利益を生み出せるのであれば、コストをかけることを厭《いと》わない。

ダスキン事業部の仕事は、エリアのお客様を一軒一軒訪問するため、どうしても物理的な時間がかかります。

そこでダスキンビジネスサービス（企業・店舗・施設などを対象としたお掃除サービス）では、訪問に20分以上かかる営業先に限り、「株式会社ダスキンシャトル東京」（ダスキンフランチャイズチェーン加盟店のデリバリー代行をする会社）へアウトソーシングしました。

手数料はかかりますが、アウトソーシングによって生じた余剰人員を別部門（稼げる事業や人出が足りない事業）に回すことができ、トータルで見るとプラスになっています。

目先の損失も、長期的、体系的に考えれば利益になる。

そのことが理解できれば、「損する」という決定が下せます。

社長の役割③

チェックする

社員の「はい！」は、「聞こえました！」の意味

チェックは、

「やるべきことがきちんとできたかどうかを確認すること」

です。

社長の方針や計画が、どの程度成果を上げているのかをチェックしないと、面倒だから取り組みをしない。取り組んでも、「やりっぱなし」になります。

やりっぱなしのままだとＰＤＣＡサイクルが回らないため、業務改善が進みません。

私が「やれ」と言うと、わが社の社員は「はい！」と元気よく返事をします。私は社員を「人」としては信じていますが、それでも、社員の「仕事」は信じていない（笑）。社員の「はい！」は「やります」の意味ではなくて、「聞こえました！」の意味だからです。私の声が聞こえたからといって、実行するとはかぎりません。

社長のチェックを定着させるには、次の2つの「決定」をする。

①「チェックする日」を決定する
②「チェックする項目」を決定する

①「チェックする日」を決定する

チェック日を決めておくのは、社員を仕事に向かわせるうえで、とても有効です。日程を決めておかないと、社員は、

「どうせ、チェックされない」

「どうせ、すぐに社長は言ったことを忘れる」

と高《たか》を括《くく》ってやりません。

しかし、

「○月×日にチェックをする」

「○月×日に会議で進捗状況を確認する」

と決めれば、社長にとっても、社員にとっても、**守るべき予定**になります。

わが社では、日報（毎日）のほかに、「支店レビュー」「店長会議」「部門長会議」「リーダー会議」などを定期的に開催し、各支店、各部門の進捗状況をチェックしています。

②「チェックする項目」を決定する

「こういう順番で、こういう項目についてチェックする」とチェックリストを決めておくことが大切です。

チェック項目が決まると、社員も「何を、どの順番で、どの程度実行すればいいのか」が具体的に理解できる。

チェック項目を決めるときは、項目数を増やさない。チェック項目を増やすとチェックが散漫になります。「やらないこと」「チェックしないこと」をはじめに決めると、リソースをどこに集中すべきかが明確になります。

「チェック日」と「チェック項目」は、まずは「適当につくる」のが正しい。適当に決めて、試しに運用してみる。なにか不都合が生じたら、そのときに訂正・追加していけばいい。

社員は「チェックされる」と思うから動きます。適当でもいいからチェックに関するルールを定めておけば、社員の意識も変わります。チェックの内容以上に、チェックの事実そのものが大切です。

チェックは、社長だけでなく幹部の役割でもある

チェックは、社長だけでなく、経営幹部にとっても重要な役割です。

株式会社プリマベーラは、北関東を中心に、古着・古本・貴金属などのリサイクルショップ、整骨院など4事業・17業態・計40店舗を展開しています。

吉川充秀社長は、「幹部に必要なのはチェックの能力」だと話しています。

「当社は今、4事業を展開しています。それぞれの事業のトップが事業部長。その下に、エリアを統括するスーパーバイザーが9人、店長が40人います。

当社の場合、ある程度の実績を積めば、店長になることは可能です。では、スーパーバイザーになれる人と、店長止まりの人では何が違うのかといえば、『チェック』する力があるかないか、です。

会社の方針がきちんと実行されているかどうかを『チェック』するのがスーパーバイザーの役割です。ですから、店長時代にチェックが甘かった社員は、上に行くのは厳しいでしょう。

当社は、定期的にお客様視点で売り場を点検する『ショート・ビジット・チェック』を実施しています。『ショート・ビジット・チェック』の甘さ、辛さと、店舗の売上は見事に比例していて、スーパーバイザーのチェックが甘いと、売上も甘くなる傾向にあります。

トイレの清掃状況をチェックするとき、甘いスーパーバイザーはドアを開けて、全体をサッと見渡して『お～、キレイだね』で終わりです。だから、四角《よすみ》のホコリに気がつかない。『吉川さんはああ言うけど、別にそこまで厳しくチェックする必要はないだろう』と緩く考えていると、やがてエリア全体の売上が落ちていき、結果的に自分自身が更迭になる。

一方で、きちんとチェックするスーパーバイザーは、便座に座って、お客様の視点でチェックする。だからわずかなホコリも見逃しません。お客様になりきって厳しくチェックするスーパーバイザーがいれば、店舗の業績も上がります。『店舗の売上はチェックで決まる』と言っても過言ではないですね」（吉川充秀社長）

社長の役割④
社員を守る

小山昇は、社員の父親であり、母親である

会社をひとつの大きな家族とみなした場合、父親は誰かというと、私、小山昇です。

一家の大黒柱として、家族の代表的な権限を持っています。

では、武蔵野の母親は誰かといえば……、やはり私、小山昇です。

私は、武蔵野という家族の中で一人二役、父親と母親役を担っています。

子どもの安全を守るのは、親の役割です。わが社が残業改革に取り組み、労働時間や休日取得に厳格な規定を設けているのは、社員の健康を守るためです。

子どもを守るためには、親は子どものことをよく知っておく必要があります。子どものプライベートがわからなければ、守ってあげることはできません。

世間では、「社長は社員のプライベートに踏み込んではいけない」という論調も聞かれます。ですが私は、「社長は、過干渉にならない範囲内で、社員のプライベートに踏み込むべきである」と考えています。

「子どもが生まれる」と聞けば、その社員の給料や、今後の生活のことを考える。社員が家を買うときは、値引きの手ほどきをする（私に言われた通り不動産会社と交渉した社員は、例外なく値引きを引き出しています）。

社員が今、**どのような問題を抱えているのか**を知ることができれば、社員の健康や生活を守ることができます。

社員のプライベートを知ることとは、社員を守ること

経営計画書に、

「飲み会で、仕事だけではなく、プライベートのことや悩みなども聞く。とくに、部下の金銭にかかわる相談事は、社長に報告する」

と明記されています。

私はこれまでに20人以上、社員の金銭問題を解決してきました。

「サラ金から借金をしている」という社員に代わって金融業者と会い、

「これまでもずいぶんたくさん金利を払ってきたのだから、金利はもう勘弁していただけませんか。その代わり、額面の残高は私が責任を持って支払いをさせます」

と交渉した。

私は、興味本位で社員のプライベートを知りたいわけではありません。社員のプライベートを知ることは、「社員を守ること」だからです（わが社の社員もそのことを理解しているので、自らプライベートの相談をしてきます）。

わが社が、「社員が病気になってもお**見舞い禁止**」にしているのも、社員を守るためです。

お恥ずかしい話ですが、超・超・超ブラック時代の武蔵野に、「お酒を飲んで暴れて、留置場に入れられる社員」が何人もいました。**パトカーをひっくり返した**猛者《もさ》もいました。

最近はめっきり減りましたが、それでもゼロではなく、数年に1回は警察のお世話になる社員がいます。

あるとき、Ａ課長（本人の名誉のため、あえて匿名）が無断欠勤をしました。電話をかけてもつながらない。自宅に連絡をしてつかまらない。所在は一向にわからない。

そこで、社員に配布しているｉＰａｄの位置情報を確認してみたところ……、警察署に宿泊していることがわかった（笑）。

留置場に入れられると、出社できません。その理由を明かしてしまえば、本人は戻ってきにくい。だから私は、Ａのことを聞かれると「病気で緊急入院しました。お見舞いは禁止です」と話しました。そうすれば、戻って来やすくなります。現在、Ａは部長として活躍しています。

「警察のお世話になるような社員を守るなんて、甘すぎる」と批判もあるかもしれません。しかし私は、「人は教育で変わる」と考えています。

更生できると判断すれば、その機会をできるだけ与えるのが、社長としての、そして親としての役割です。

なぜ武蔵野は、社員の「同棲」を認めないのか

また、私が基本的に「社員の同棲」を認めていないのも、彼らを守るためです（入籍することが決まっている場合は認めています）。

なぜ「恋愛期間中の同棲はダメ」かというと、過去に、「同棲が発端となって生活が荒れた社員」が数人いたからです。全員同じようなパターンでした。

同棲する前に、男性（わが社の社員）が家賃7万円、彼女も家賃7万円の家に住んでいるとします。この2人が同棲することを決め、「2人で5万円ずつを出し合って、家賃10万円の部屋に住む」ことにした。すると、ひとり暮らしをしていたときより、それぞれ2万円ずつ出費が抑えられるので、生活がラクになります。

ところが、しばらくすると蜜月関係は続かなくなり、彼はフラれてしまった。彼女は家を出ていき、残されたわが社の社員は、そのまま家賃10万円の家に住み続けました。

ひとりで10万円の家賃を負担することになるため、当然、生活が苦しくなります。さらに、寂しさを紛らわすために飲む、打つ、買うにのめり込んで、自堕落になる。生活がすさむ。借金を重ねる……。

同棲は、楽しいことばかりではない。私はそのことを知っているので、「結婚を前提としていない同棲」には反対です。

サラ金から多額のお金を借りてニッチもサッチもいかない社員を更生させる仕組みがあります。

管理職ならば、平社員に降格させて営業をさせると10万円のコミッションが付き、これを返済原資に当てます。

毎月の給料で、家賃等を支払った後の残金を上司が管理します。毎週、生活費と小遣いを渡すとハメを外してお金を遣うことができません。会社が更生させ、課長に戻った社員は何人もいます。

社長は、社員の私生活の悩みまで共有し、親身になって、まさに親の身になって解決しなければならない。だから、**ときにはプライベートに踏み込むことも必要**です。

社長の役割⑤

責任を取る

責任を取るとは、経済的な損を負うこと

「電信柱が高いのも、郵便ポストが赤いのも、夏が暑いのも、冬が寒いのも、すべて小山昇の責任」

これが武蔵野のルールです。

会社の方針を決定するのは、社長の役割です。結果に対して責任を負うのも社長の役割です。**社長の知らないうちに起こったことも、社長の責任**です。

社長の責任と取り方とは、「経済的に損をする」ことです。

頭を下げて謝罪したり、辞職をするだけでは責任を取ったとは言わない。経済的な損を取らない人は、責任を逃れただけです。

クレームが発生したとき、責任を負って弁償にあたるのが社長です。

多くの会社の社長は失敗を社員に押し付けますが、会社の赤字も、事業の失敗も、社員のせいではありません。

会社の業績が悪化するのは、社長の責任です。

社長は、自分が決めた方針を社員に実行させるとき、それによって発生するかもしれない損害に対して、利益責任（経済的な損）を負う覚悟をしなければなりません。

社員の仕事は、社長の決定を実行すること

社員の仕事は、社長が決めたことを実行することです。

社長の方針を実行し、社員は実施責任を取る。ルールに従わないと、更迭されたり、

人事評価が下がります（評価や役職が下がれば給与も下がるため、結果的には経済的に損をすることになります）。

経営計画書の「社員に関する方針」には、手当に関する方針が明記されています。一例を挙げると、わが社は「禁煙手当」を支給しており、「喫煙者は管理職にしない」のがルールです（喫煙者も採用していますが、「喫煙者は管理職にしない」ことを採用時に伝えています）。

◉禁煙手当

・**目的**……健康を第一とする。他人に迷惑をかけない
・**定義**……勤務時間外も含めて完全に禁煙をする
・**手当**……1、2グループ／年間10万円
　　　　2・5グループ／年間15万円
　　　　3グループ／年間20万円
・**支給率**…勤続年数別支給率の通り

・**違反**……手当の3倍の額を返金する

……1年間は手当を支給しない

村岡邦雄課長（経営サポート事業部）は、社長の私も感心する強者です。村岡は武蔵野に入社する以前、パチンコで生計を立てていました。いわゆるパチプロです。入社後は回数こそ減りましたが、足を洗おうとはしませんでした。

私もパチンコ愛好家で、村岡がパチンコをしてもいい。問題だったのは、村岡が家族サービスをおろそかにしてまでパチンコに熱中していたことです。パチンコ店は「7のつく日」にイベントをやることが多く、村岡は毎月7日、17日、27日に休みを取ってパチンコに耽《ふけ》っていました。

村岡は、「社内の人間には気づかれていない」と思っていたが、上司の斉木修本部長が見破り、その後私は、村岡を別の部署に異動させました（平日に休みがとれない部署に異動）。「7のつく日」に休みを取らせると、家族よりもパチンコを優先するからです。

村岡が「気づかれていない」と思っていたのは、パチンコだけではありません。村岡は喫煙者ですが、あろうことか禁煙者と偽り、10年間も禁煙手当を受け取っていました（広島空港の喫煙ルームで気持ちよさそうに一服している姿を上司の志村明男本部長に激写され、発覚）。

当時はまだ違反者に対する「返金」のルールがなかったので、村岡に責任を取らせる（経済的な損をさせる）ことはできませんでしたが、方針を改定し、現在は「違反者には手当の3倍の額の返金」を義務付けています。

実行スピードの差が職責の差

方針を実行する上で大切なのは、正確さではなく「スピード」です。

スピードは「走るときの速さ」のことではなく、

「早くスタートを切ること」

です。

つまり、**早く取り掛かる。**

社長や上司に「これをやってほしい」と指示を受けたら、すぐに取り掛かる。取り掛かりのスピードが早ければ早いほど、間違いに気づくのも早くなり、修正も早くできる。

わが社は、実行のスピードに応じて職位が決まります。

- **役　員**………社長の方針を1日で実行する人
- **本部長**………社長の方針を3日で実行できる人
- **部　長**………社長の方針を1週間で実行する人
- **課　長**………社長の方針を1ヵ月で実行する人
- **一般社員**……社長の方針をなかなか実行しない人

※課長以下は、決められたことをやって成果を出せばいい。部長以上は新たな稼ぎをつくることが条件

社長は、「会社が倒産すれば、自分の家がなくなってしまう」から、必死になって経営をします。

社員も同じです。

「方針を守らなければ賞与が下がる、評価が下がる」ことがわかれば、必死になって（わが社の社員は、嫌々ながら、しかたなく）実行します。


決定するのは社長。

実行するのは社員。

それが社長と社員の役割の違いです。

「中間報告」のない仕事は、「実行していない」のと同じ

社員は、社長の決定を実行する責任があります。

実行している途中で、「これはおかしい」「社長の決定は間違っているかもしれない」「社長はAと言っていたが、実際にやってみたらBだった」と疑問に感じたら、その疑問を上司や社長にすみやかに中間報告しなければなりません。

私は、2019年に「経営企画室」を新設しました。データ・ドリブン経営の中軸となる部署です（209ページ参照）。

開設当初は4人でスタートしましたが、中間報告を聞いた私は、「クラウドやAI、IoT（Internet of Things／これまではインターネットに接続されていなかったモノがサーバーやクラウドに接続されることによって、データ処理や分析の幅が広がる）などの新しいデジタル技術への対応が急務」と判断し、即座に追加投資を決定。人員も増やしました。

報告は、「仕事が終わったときにする」だけでなく、進捗状況に応じて、適宜するものです。

中間報告のない仕事は「やっていない」のと同じです。

社長の役割⑥

ナンバー2を決める

ナンバー2選びの2つのポイント

私は、「中小企業の実力は、ナンバー2の実力に正比例する」と考えています。

したがって、「誰をナンバー2に据えるか」が重要です。

組織に社長の考えを浸透させるためのキーパーソンが、ナンバー2です。

ナンバー2が社長の方針を実行すると、ナンバー3、ナンバー4も実行する。ナンバー3、ナンバー4が実行すれば、課長以下一般社員も実行するようになります。

ナンバー2を選ぶポイントは、次の「2つ」です。

【ナンバー2の選び方】

①社長の決定を愚直に実行する人

②社長とレベル差がない人

①社長の決定を愚直に実行する人

社長が「右!」と言ったとき、ナンバー2も「右!」と言う会社は黒字になります。反対に、「ナンバー2」が社長の決定に逆らって「左!」と言う会社は、赤字になりやすい。社長の決定が実行されないからです。

決して私は、「社長の言いなりになるイエスマンを登用しろ」と言っているのではありません。**社長と価値観が揃っている人材**（社長が「右」と命じた意味を誰よりも理解している人材）を登用します。

武蔵野が業績がいいのは、矢島茂人専務が小山の方針を着実に実行しているからです。

② 社長とレベル差がない人

社長より優秀すぎても、実力が劣りすぎても機能しません。社長がAランクの実力を持つのであれば、ナンバー2もAランクかBランクの実力を持つ人を選びます。

社長がCランクなのに、Aランクをナンバー2に据えると絶対に機能しません。ナンバー2の実力に社長がついていけないからです。

第3章

部下の「モチベーション」を上げる方法

上司とは、部下を「教育」する人

ひとりでも部下を持ったら、教育担当者になる

一般的に上司とは、職位が上位の人を指します。

『大辞林』（第3版）によると、「上司」とは、「会社・官庁などで、自分より地位が上の人。上役」と定義されています。

武蔵野では、「上司」を次のように定義しています。

・上司（1）

①ひとりでも部下を持ったら、その瞬間にその人は人事担当者・教育担当者になります。なぜならその瞬間に、その部下のかけがえのない将来、人生の多くの部分にあなたが多大な影響を及ぼすことになるからです。

②難しい仕事を部下がやりやすいようにしてあげる人です。

・上司（2）

当然わかっているものと思って言わなかったら、部下はわかっていなかった。部下は何もわかっていないものと思っているのが正しい。上司は部下の良いところを引き出す人です。新しいことをさせてみることが大切です。

「教える」だけでは「教育」とは呼ばない

ようするに上司とは、部下を「教育」する人のことです。

では「教育」とは何か。私は、次のように定義しています。

・教育（1）

知識を教えるだけの教育は無意味です。

① 言い続ける。② やり続ける。③ 粘り続ける。そして行動が変わりはじめる。

・教育（2）

人の行動が変わらないことは、やっても無意味です。

仕事を教材として、現場の第一線でお客様サービスができるようにする。

新人がやらないのは知らないからであり、知らないのは教えないからです。

新しいことについては誰でも、いつでも新人です（新しい職務についたときは新人として扱う）。ひとりで仕事をさせる**実地教育**が一番。

教育とは、「教えて、育てる」と書きます。

知識を与えるだけでなく、仕事を教材として、部下の行動を変えること、結果を出させることが教育の本質です。

・教える……知識を与える
・育てる……実行させる

学校の授業で「英語が得意」という人でさえ、「英語を日常的に使いこなすレベル」にまでは及ばない人がほとんどです。

小学校でも、中学校でも、高校でも、大学でも英語の授業があるのに、どうして話せないのか？　それは、「話す」行動をしていないからです。

授業を聞いているだけでは会話力を伸ばすことはできません。話せるようになるには、実際に英語を使わなければならない。

知識は、あくまで記憶や記録でしかない。学んだ知識を体で実行してみて、はじめて自分の血肉になります。

もちろん、知識を教わることは大事です。私も、成功している人にたくさん教わってきた。

けれど、教わったからといって、最初からうまくできるわけではありません。

他人から教わったことを自分で実行してみる。はじめてのことだから、うまくいかない。うまくいかないから失敗する。失敗したあと、「どうして失敗したのか」を自分で考えてみる。

そうやって行動と失敗を繰り返しながら、他人の教えを体験的に自分のものにしていく。人の成長は、行動と失敗の先にしかありません。

自分の背中を見せて指導する

部下を「現場」に連れていく上司は優秀

物事は、いくら口で説明してもダメ。実物、現場を体験させるのが一番です。

大切なことは、現場で教えるのが基本です。会議室で上司が講釈《こうしゃく》を垂《た》れたところで、部下は育ちません。

現場は、真実を知るための情報の宝庫です。お客様との信頼関係を築く場であると同時に、社員を教育する最高の場でもある。

自分が現場に出るときは、部下を同行させる。そして、自分の背中を見せる。そうすれば部下は、

「社長（上司）がどんな人に会い、どんな話をしているのか」

「どこを見て、どのような判断をしているのか」

といった社長（上司）の知見を実際の仕事を通じて理解できます（武蔵野は、上司が部下を現場に同行させた回数を毎月申告させています）。

【同行の3つのメリット】

① 部下がサボらない

② 部下の学びになる

③ 上司と部下のコミュニケーションが取れる

① 部下がサボらない

社員がサボるのは、単独行動ばかりさせているからです。上司がお目付役になれば、部下はサボらない。

② 部下の学びになる

「上司がどのように仕事を進めているのか」を見ることで、座学では学べない「実践」を理解できます。

③ 上司と部下のコミュニケーションが取れる

一緒に食事をしたり、移動中に話をしたり、出張先でお酒を飲んだりすることで、上司と部下の相互理解が進みます。

武蔵野が提供する「かばん持ち同行」は、小山昇のあらゆる場面に同行し、経営者としての心構えを実地で学ぶプログラムです。

以前は、私のかばんを持つのは経営サポートパートナー会員の社長だけでしたが、現在は、武蔵野の社員（または内定者）もかばん持ちに同行させています。

社員（内定者）は、私のかばんを持つことで、社長の仕事への理解と時間の使い方を学ぶことが可能です。

部下の「良いところ」を引き出す

先ほど、上司の役割として「上司は部下の良いところを引き出す人です」と説明しました（「上司（2）」109ページ参照）。

では、どうやって部下の良いところを引き出すのか。そのひとつが、「ほめる」ことです。

でも一緒に現場に出なければ、「部下のどこをほめればいいのか」がわからない。

部下を同行させて、

「こういうことができるようになったのは、すごくいいと思う」

「これはもうできているから、次はこれができるようになるともっと成長するよ」

と、「良いところ」を具体的に示しながら指導をする。そうすれば部下は、自信を持てるようになります。

わが社は、部長職以上の社員に、社外向けセミナーの講師を担当させています。

私も以前は、「社員に講師を務めさせるのは、荷が重い」とためらっていたが、あるとき、どうしても人手が足りず、**武蔵野一の「ダメ課長」**を環境整備定着プログラムの講師に抜擢したことがありました。

本人は「嫌そう」な顔をしましたが、こっちだって嫌です（笑）。でもしかたがない、人がいないから。

何十億も売上を上げている有力企業（A社）に「ダメ課長」を派遣するので、このときばかりはさすがの私もヒヤヒヤしました。「詐欺で訴えられるのではないか」と（笑）。ところが、ダメ課長は見事にやってのけました。講師としての務めを果たしたのは、上司の市倉祐二部長（現・統括本部長）のおかげです。日頃は、ダメ課長のことをバカ・アホと思っていたが、「社外で恥をかかしたくない」と毎日、同行指導した。その結果、ダメ課長がA社の社長から「先生」と言われているのを知って、私は、自分が社員の力量を甘く見積もっていたことを反省しました。

彼らは、やればできる。やらせればできる。なぜできるのかといえば、これまでに何度も現場に出て、実践的な勉強を続けてきたからです。

「同じこと」を繰り返し勉強したほうが、社員は成長する

新しいことを一度にたくさん教えてはいけない

上司が部下に対して、「3時間」の講義（仕事のレクチャー）をするとき、1時間目、2時間目、3時間目と1時間ずつ違うことを教えるのが一般的です。ですが、同じことを何度も教えるほうが、部下は育ちます。

かつて私がインターネットの勉強をしたとき、講師の山上浩明社長（株式会社山翠舎／長野県）に次のようなお願いをした。

「2時間目の講義は、1時間目と同じ内容でかまいません。3時間目も1時間目と同じ内容でいいです。同じ講義を3回繰り返してください。私にとって大切なのは、新しいことをたくさん教えてもらうことではありません。教えてもらったことを自分の『技術』として使うことです。そのためには、同じことを繰り返して学んだほうがいい」

学校の勉強は、「毎回、新しいこと」を教えるのが基本です。先生が今日は「1・2・3」を教え、明日は「4・5・6」を教え、あさっては「7・8・9」を教える。「4・5・6」を休んでしまうと、「7・8・9」を理解できません。休んでいなくても、「1・2・3」がきちんと理解していない段階で「4・5・6」を教えられると、「さらにわからなくなってしまい、授業がつまらなくなります。

物事を理解させるには、同じことを重複させながら教えていかなければなりません。そこでわが社は、「1・2・3」「2・3・4」「3・4・5」と継続的、重複的に教え、そして再び「1・2・3」に戻るといった具合に、同じことを何度も繰り返していきます。

中小企業の多くで人材が育たないのは、毎回、違うことを教えるからです。

社員教育において大切なのは、質よりも量。**同じことを何度も反復する**ことです。

わが社は、これまでに7000回以上、早朝勉強会（朝7時30分〜8時30分の1時間。「価値観共有」が目的。参加は自由だが、参加回数が評価に連動している）を実施しています。

勉強会の教材は、基本的に、『仕事ができる人の心得』（CCCメディアハウス）と「経営計画書」の2つだけです。

たくさんのテキストを使って、たくさんのことを勉強するのではなく、少ないテキストを使い、同じことを何度も繰り返すほうが人は成長します。数をこなしているうちに、会社の文化やルールが毛穴から浸透します。

武蔵野の社員が成長するのは、何度も、何度も、何度も、何度も、同じことを繰り返し勉強しているからです。

言うことを聞かない部下に、言うことを聞かせる2つの方法

上司の言うことを聞かない部下は、まともな部下

多くの上司は、「部下が言うことを聞かない」「部下が動いてくれない」とストレスを抱えています。

ですが、私に言わせれば「聞かない」「動かない」のが正しい。

部下も最初から「上司の話を聞かなかった」わけではない。入社した当初、あるいは、新しい部署に異動した当初は上司の言うことを聞いていた。それなのになぜ、言うことを聞かなくなったのでしょうか。

それは、「成長したから」です。

入社したばかりの新人が上司の言うことを聞くのは、「何もわからないから」「自分で判断できないから」です。

ですが、できなかったことができるようになって、「言われなくてもわかる」ようになる。だから、上司の言うことを聞かなくなる。

子どもが親の言うことを聞かないのは、成長したからです。「何もできなかった自分」から、「何かができる自分」へ変化した証拠です。

けれど、そのことに気がつかない親は、「子どもは、いつまでも何もできない」と決めつけ、しつけようとする。だから子どもは**反発**します。

社員も、子どもと同じです。部下が上司の言うことを聞かないのは、部下が成長したからです。

それなのに、マネジメント能力のない上司は、いつまでたっても部下を新人扱いする。だから社員は反発します。

人は「認めてもらいたい」「自分のことを知ってほしい」の承認欲求があるから、

相手を全否定してはいけない。

「上から目線」のマネジメントをしてはいけない

ではどうすれば、部下は上司の言うことを聞くようになるのでしょうか。

方法は「2つ」あります。


ひとつは、「今のおまえなら、もっとできる」と部下を認めてあげた上で、レベルの高い仕事を任せることです。

レベルの高い仕事を任せると、部下は失敗します。失敗すると部下は痛い目を見る。人は、痛い目に遭ってはじめて、自分の立場を考え直す。

「これ以上失敗が続くと、評価が下がる」「今のやり方を続けてもうまくいかない」ことがわかれば、「上司に教えてもらおう」と思います。


2つ目は、「対等な立場で格の違いを見せつける」ことです。

私は、「かばん持ち」の社長と「1対1」の**ジャンケン**をします。負けたほうが、ランチやコーヒー、お酒などをおごるのが決まりです。

私は、パチンコや競馬と同じように、ジャンケンの勝率も高い。なぜなら、相手の社長の思考特性と行動特性を把握している上に（エマジェネティックスの診断結果を知っています）、「この場面ではグーが危ない、パーだったら大丈夫だろう」と暗黙知を働かせているからです。

ジャンケンは**心理戦**であり、非常に戦略的なゲームです。それなのに、かばん持ちの社長は、「ジャンケンは平等で公平。勝ち負けを決めるのは運」だと思っている。だから私に負けたあと、こう考えます。

「ジャンケンは誰がやっても平等なはずなのに、それでも小山さんにはかなわない。小山さんには頭が上がらない。言うことを聞こう」

上司と部下の関係も同じです。

マネジメント能力のない上司は、肩書きや権限を振りかざして「上から目線」の指導をしがちです。それでは部下は動かない。

部下を動かしたいなら、上司としての実力を見せる。部下と同じ土俵に立って、部下と同じことをやって、圧倒的な実力の差を見せつける。それができれば部下は必ずついてきます。

株式会社エネチタの後藤康之社長もかつて、会社の方針を徹底させようとするあまり、上から目線で幹部を叱責したことがあります。その結果、**幹部から退職届**が出されました。

「ある幹部に対して、『環境整備が社内に徹底されていない。もっとしっかりやるように』と強く指摘したところ、彼から退職届が出されたんです。

あわてて小山社長に相談すると、『幹部は間違っていない。間違っているのは後藤さん、あなた。幹部ができていないのは、あなたの責任。だから、おいしいお店を予約して、その幹部を食事に招きなさい。そして、その幹部に謝りなさい』と言われ、ようやく自分の間違いに気がつきました。

すぐにお店を予約して、『俺が悪かった』と頭を下げたところ、その幹部は『社長は謝らないでください。悪いのは私です』と号泣。彼の思いを聞いて、部下の話に耳を傾けられていなかった自分を恥じました。

それ以降、彼は私にとっても、会社にとっても、社員にとってもなくてはならない存在に成長しています」（後藤康之社長）

教育は、「守・破・離」の「守」を徹底する

結果が出ていることを、そのまま真似させる

物事を学ぶとき、もっとも大切な基本姿勢が、「守《しゅ》・破《は》・離《り》」です。

「守・破・離」は、剣道や茶道などで、修業における「3段階」を示したものです。

人間は、やさしいことから段階的に学んでいくのが正しい。知識も経験もないのに、0から1を生み出そうと考えてはいけません。

・第1段階／守……師（上司）の教えをそっくりそのまま忠実に守ることです。すべて

師の教えどおりにやる。それ以外のやり方をしてはいけない段階です。

師は長い年月の間、修練を重ね、ひとつのものを築き上げています。初心者で「守」を疑い批判する人は、学ぶ姿勢のない人であり、絶対に向上発展はありえません。愚直に基本を守った人だけが、「破・離」ができる資格を得る。

独力で頑張って成果を出せないより、「人の**真似**をして、人の言うとおりに実行して、成果を出す社員」のほうが優秀です。ですから、部下に新しいことを教えるときは、「結果が出ていることを、そのまま真似させる」のが基本です。

熱心な部下ほど独自のやり方にこだわります。「人と同じことをしない」ほうが評価されると考えます。

ですが、人の行動はほぼ１００％、誰かの真似をしているだけです。字を書くのも、毎日食事をするのも、夜になったら寝るのも、朝起きたら歯を磨くのも、靴を履くのも、スマートフォンを使うのも、すべて誰かの真似です。

人の真似をして生きてきたのに、「人の真似をしたくない」と言う人を、私は「嘘つき」と呼んでいます。

・第2段階／破……師の教えをすべて自分のものにした上で、自分で新しい工夫をして、教えになった方法を試し、師の教えから少しずつ脱皮して成長していく段階です。

徹底して人の真似をすることが一番で、「破る」とは、その先にあります。

・第3段階／離……自分の工夫と努力によって、師の教えから脱却し、さらに修練・勉強を重ね、自らひとつの境地を築き上げる段階です。

他業界で成功している仕組みを真似する

努力もせず、苦労もせず、いきなり達人になるのは不可能です。物事の上達には、必ず順序があります。

今の武蔵野があるのも、私が「守・破・離」の教えを守ってきたからです。わが社には、増収増益を支えるさまざまな仕組みがありますが、それらのすべてが「真似」からはじまっています。

「今と同じ考え方」「今と同じやり方」「今と同じ人」をいったんリセットし、「新しいこと」をはじめなければ、会社を変えることはできません。

そう言うと、多くの人が「誰もやっていないこと」をやろうとしますが、「新しいこと」は「誰もやっていないこと」の意味ではありません。

・他の人は成果を出しているけれど、自分はまだやっていない

・他業界では常識でも、自分の業界ではまだ常識になっていない

ことです。

「他業界では常識でも、自分の業界ではまだ常識になっていない」ことを、私は**「業界の非常識」**と呼んでいます。

私は定期的に、会員企業（経営サポートパートナー会員）の現場視察をしています。時間は1社90分。現場を見て回って、「ここは、このように変えたほうがもっと効率が良くなる」と改善指導をしています（90分で60個以上の改善点を洗い出しています）。

現場を見る目的は「指導」以外にもある。それは、「まだ武蔵野が取り入れていない業界の非常識」（視察先では成果が出ていて、まだ武蔵野が取り入れていないこと）を見つけて、真似することです。

わが社が成長したのは、ほかの業界でうまく行っていることを、そのまま何にも考えずに真似してきたからです。

相手のレベルに合わせて、教育のしかたを変える

小山昇とお釈迦様には、教え方の共通点があった！

お釈迦様は、仏教の教えを説くときに、「対機説法《たいきせっぽう》」と「次第説法《しだいせっぽう》」の教え方をしていたそうです。

- **対機説法**……相手の理解度に応じて、教えの内容や伝え方を変える
- **次第説法**……最初にやさしい話からはじめ、次第にレベルの高い話に説明を進める

また、イギリスの2大名門大学、オックスフォード大学とケンブリッジ大学は、独特な授業形式を伝統として維持し続けています。

講義とは別に、学生と教授が1対1もしくは1対2で授業を行うシステムがあります。1対1（1対2）であれば、学生のレベルに合わせた個別のサポートが可能です。

相手に深い気づきを与えるには、相手のレベルに合わせた教え方をしたほうがいい。小学生には小学生の、中学生には中学生の、高校生には高校生の、大学生には大学生の教え方があります。

私が、経営サポートパートナー会員に指導をするときも、指導先の社長のレベルに合わせて指導の内容、指導のしかたを変えています。

A社の社長とB社の社長が、人事評価制度のつくり方を学びに来ました。

A社は「社員数10人で、社員教育をはじめたばかり」、B社は「社員数30人で社員教育が行き届いている」――。私はA社に対しては「人事評価制度をつくってもいいが、公開してはいけない」と指導します。そして、B社に対しては「人事評価制度を公開しなさい」と反対のことを言います。

A社は社員数が少ないため、社員数が増えるまでは（目安は30人以上）、人事評価制度を社員に公開しないほうがいい。

また、あとから入ってきた新人のほうが高い給料だったら、既存の社員はおもしろくありません。公開をするのは、社員教育に注力して社長と社員の価値観が揃ってからです。

一方のB社は、すでに社長と社員の価値観が揃っているため、社長の決定が浸透しやすい。人事評価を公開すれば、社員は「どれだけ頑張れば、どれだけ給与がもらえるのか」がわかり公平です。

教育の基本は、「相手のレベルに合わせる」ことです。

新入社員教育は、入社2年目の「お世話係」と、入社3年目の「インストラクター」が担当しています。

新卒社員の教育にふさわしいのは、ベテラン社員でも優秀な社員でもなく、「新卒社員よりも少しだけ経験がある2年目、3年目の社員」です。なぜなら、レベルを合わせやすいからです。

・**インストラクター**……現場での指導役。新卒社員と一緒に現場に出て、仕事のやり方を教える

・**お世話係**……新人のフォロー役。直接の上司には弱音を吐けなくても、お世話係になら、悩みや不安を吐き出すことができる

2年目、3年目社員に新卒社員の教育係をさせると、彼ら自身も成長します。先輩社員は、「新卒指導マニュアル」にあるさまざまな実務を新人に指導するため、マニュアルの内容を熟知しておく必要があります。

この作業をすることで、2年目、3年目社員の**底上げ**が可能になります。

飲み会は、部下の話を上司が聞く場

また、わが社が飲み会を社員教育の場として位置付けているのは、1対少数、ある

いは1対1（サシ飲み）で酒席を囲むことで、部下が「自分が聞きたいこと」を上司に聞くことができるからです。

部下から質問や相談をされたときは、「答え」を提示するだけでなく、相手にも「メッセージを添えた逆質問」をして、**考えさせる**ことが大切です。

わが社の社員から「どうすればパチンコで勝てるようになりますか？」と質問をされたとき、「こう打て」と打ち方を教えるだけでは、気づきを与えることはできません。

社員「どうすればパチンコに勝てますか？」

小山「おまえ、何も考えないで打っているだろ？」

社員「はい」

小山「パチンコに勝てないのは、仕事ができないからだよ」

社員「仕事とパチンコは関係があるのですか？」

小山「仕事も遊びも同じ頭でやらなくちゃダメ。もっとまわりを見て観察をしないと。オレは店長の癖まで読んでいるよ。癖ってわかる？」

社員「……わかりません」

小山「癖というのは、プログラムのこと。おまえがしょっちゅう遅刻するのも、『遅刻していい』というプログラムが入っているからだよ（笑）。人にはプログラムがあるのだから、そのプログラムを読む。相手の癖や傾向がわかれば、仕事だってやりやすくなるよね」

上司が「自分で教えたいこと」を教えようとすると、説教や説得になりがちです。そうではなく、「部下が聞きたいこと」に答えると、部下は納得します。一方的に話し続けるのではなく、聞かれたことに答える姿勢を意識することが大切です。

上司は、部下を「えこひいき」するのが正しい

上司が部下をえこひいきしてもいい3つのケース

多くの社長は「社員をえこひいきしてはいけない」と考えますが、私は「おおいにえこひいきすべき」という考え方です。

たしかに、何の目的もなく「気が合うから」の理由だけで差をつけるのはよくない。それは、計画性のない人の行動です。

ですが、「部下を育てる」「部署の実力を底上げする」という大義があれば、えこひいきをするのが正しい。

上司が部下を「えこひいきしてもいい」ケースは、おもに次の「3つ」です。

【上司が部下をえこひいきしてもいい3つのケース】

①結果を出している部下に、えこひいきしてもいい

②自ら手を挙げる積極的な部下に、えこひいきしてもいい

③ライフイベントを控えている部下に、えこひいきしてもいい

①結果を出している部下に、えこひいきしてもいい

そもそも会社経営は、「お客様から、えこひいきをしてもらう活動」です。マーケットのシェアが取れるのも、お客様がリピーターになってくださるのも、自社を選んでいただいた（＝ライバル会社ではなく自社をひいきにしていただいた）結果です。

事業活動において「えこひいき」を否定することは、「ライバル会社にお客様を取られていい」と言っているのと同じです。

成績を上げる部下は、「ライバル会社よりもお客様からえこひいきされている部下」と解釈できます。

「お客様からえこひいきされている部下」を上司がえこひいきするのは、当然です。えこひいきしなければ、部下はやる気をなくしてしまう。

②自ら手を挙げる積極的な部下に、えこひいきしてもいい

自分から「僕は課長になりたいです！　だから一所懸命頑張ります！」と手を挙げた部下には、えこひいきすべきです。

私が学生時代にアルバイトをしていた会社（製造業）に、岡田課長がいました。岡田さんは若くして課長になった逸材でしたが、私は「社長の親戚なのかな？　だから優遇されたのかな？」と思って尋ねたことがありました。

小山　「岡田さんがまだ若いのに課長になれたのは、社長の親戚だからですか？」
岡田　「違うよ、親戚ではないよ」
小山　「じゃあ、何で課長になれたのですか？」
岡田　「上司が部下に『この仕事を誰かにやってほしい』と言うと、たいていの部下

は逃げるよね、面倒だし、忙しくなるから。でも俺は全部手を挙げた。『僕がやります』って」

小山「でも、そうすると仕事が増えて手一杯になりませんか?」

岡田「手一杯になったら、上司にこう言えばいい。『すみません、手一杯になってしまったので、誰か人をまわしてください』。そうすれば人を割り当ててくれるから、自分の仕事をその人に引き継ぐ。すると自分の手が空くから、またパッと手を挙げる。『その仕事、僕がやります』って」

岡田さんは、「積極的に仕事を引き受ける。忙しくなったら人を割り当ててもらう。手が空いたらまた仕事を引き受ける。また人を割り当ててもらう……」を繰り返した結果として、課長に昇進しました。どんな仕事でも断らない前向きさを評価された。

餌が落ちてくるのを待つのではなく、自分から餌を取りに行った。だから岡田さんは誰よりも早く昇進した。

仕事を断ることは、出世のチャンスを失うことです。

「出世はしたいけれど、仕事はしたくない」は通用しない。上司から仕事を頼まれたら、それは出世のチャンスです。

その後、武蔵野でアルバイトをすることになった私は、さっそく「岡田さん理論」を実践しました。

当時の武蔵野は、学生の間で「遊んでいてもバイト代がもらえる」と言われていた超優良企業でしたから（笑）、誰も仕事をやりたがらない。そのような中で、私だけは「僕がやります」と手を挙げた。するとバイトにもかかわらず部下がつき、いつの間にか主任になっていた。

上司が投げた玉や球や弾を避《よ》けた部下の教育は、あと回しでいい。私や岡田さんのように、「嫌々ながらでも避けなかった部下」、つまり「意欲のある部下」を先に育てることが「公正なえこひいき」です。

③ライフイベントを控えている部下に、えこひいきしてもいい

佐々木大志が評価面談の場で、私にこう言ったことがありました。

「今度結婚するので、社長に仲人を引き受けていただきたいのですが……」

当時、佐々木は課長職（現・部長）。しかし結果を出せず（実力があるのに本気になっておらず）、私は更迭を考えていました。彼の奮起をうながす思いを込めて、「今の評価ではダメ。A評価を取れば仲人を引き受ける」と答えました。

すると、佐々木の上司である菊地富雄部長が不憫《ふびん》に思い（笑）、**超えこひいき**をして佐々木を鍛えた。その結果、佐々木はA評価を獲得。私は約束どおり、仲人を引き受けました。

櫻田和久も、上司にえこひいきされた社員です。

櫻田が「同僚との結婚（社内結婚）」を海老岡修課長（当時の上司／現・部長）に報告すると、海老岡はこう答えた。

「彼女は今2グループで、櫻田さんは1グループだよね。ということは、奥さんのほうが格上ってことになる。結婚式のとき、今のままだとかっこ悪くない？　せめて櫻田さんも2グループに昇格しておかないと、恥ずかしいよね」

こう言って海老岡は櫻田をえこひいきし、追い込んで、櫻田を2グループに引き上げました。「やれやれ、これで結婚できる」と思った櫻田は、甘かった。ほっとする櫻田に向かって、海老岡はこう続けました。

「櫻田さんなら、もっとできると思うんだけど。2・5グループに上がったら、今よりもっとかっこいいよね」

海老岡はさらにえこひいきして（後ろから追い立てて）、櫻田を鍛えた。その結果、櫻田は課長に昇進できました。

結婚や出産といったライフイベントを控えている社員は、成長意欲が高くなっています。そのタイミングでえこひいきをすれば、部下は確実に成長します。

部下をえこひいきすることが、部署の底上げにつながる

ひとつの部署に、Aさん、Bさん、Cさん、Dさん、Eさんの5人の部下がいます。

このとき、5人の部下を平等に扱い、まんべんなく教育してはいけません。なぜなら、ひとり20%ずつしか力を割けないため、人がなかなか育ちません。

私なら、次のように指導します。

・Aさんに80%の力を注いで集中的に教育する（えこひいきする）
・Bさん、Cさん、Dさん、Eさんには、5%ずつしか掛けない

すると、Aさんだけが**短期間で成長**します。

Aさんが成長したら、今度はどうするかというと、

・Bさんを集中的に教育する（えこひいきする）
・力をつけたAさんに「Cさんの教育をさせる」（AさんはCさんをえこひいきする）

こうすれば、Aさん、Bさん、Cさん、3人の実力が上がることになります。

そして、力をつけたBさんにDさんの教育をさせ、CさんにEさんの教育をさせると、結果的に5人すべての実力が上がります。

部下をえこひいきすることは、えこひいきされた部下の実力が伸びるだけでなく、結果的に**部署全体の底上げ**につながります。

仕事ができる管理職の「4条件」

管理職に向いている人、向いていない人

私は、「管理職」を次のように定義しています。

【管理職の定義】

①部下のモチベーションを上げることを最優先する人
②頭が柔らかい人
③結果ばかりでなく、プロセスもチェックする人

④部下の話を黙って30分聞ける人

①部下のモチベーションを上げることを最優先する人

部下のモチベーションを上げるために、管理職が絶対にしてはいけないことがあります。それは、

「上から目線の指導をしない」

ことです。

ベテラン社員に部下の指導を任せると、「これくらいはわかるだろう」と思い込んで指導が一方的になったり、「どうしてこんなこともわからないのか」と憤《いきどお》って叱責することがあります。

部下が上司の説明を理解できると思ったら、大間違いです。何もわかっていない部下が正しい。

ですから上から目線ではなく「部下目線」で指導をする。そして部下が仕事を覚えたら、「ほめる」。

「ほめる」は、部下の能力を伸ばすもっとも手っ取り早い方法です。

ほめるときは、

「何が、どう良かったのか」

「何が、どれくらいできるようになったのか」

を具体的に示すと、さらなる成長をうながすことができます。

どんな小さなことでもいいから、何かにつけてほめる。「こんなことほめてもいいの?」「ほめすぎではないか?」と思うくらいでちょうどいい。

株式会社プリマベーラの吉川充秀社長は、「ビニールハウス経営」「温室経営」によって人を育てています。

つまり、鍛えて強くするのではなく、大切に育てる。ほめて伸ばす。

吉川社長は「当社の社員は草食系が多いため(笑)、厳しく接することはしない」と話しています。

「基本的には、自分から『店長になりたい』と手を挙げてきた人の中で、個人の成績やマネジメントの素養、方針の理解度などを加味しながら店長に抜擢をしています。店長になる気がない社員は、マネジャーではなくプレーヤーとして育てていきます。ですが、本人は『自分のことで手一杯で、人の面倒まで見ていられない』とマネジメントに興味を示していなくても、マネジメントの素養を持つ社員もいます。そういう場合は、『そうは言うけど、できると思うんだよね。今、このお店には6人スタッフがいるけど、この6人の面談だけでもやってみない？』とか『じゃあ、まずひとりだけ部下をつけるから、やってみようよ』と、無理のない範囲で、少しずつ誘《いざな》っていきます（笑）。

かつては段階を踏まずにいきなり店長に抜擢していたのですが、その結果、心が折れて辞めていった社員がたくさんいました。

その反省から、現在は温室で育てています。そして、彼らがひとつでもできたら、その都度、『できるじゃん！　やったじゃん！　すごいじゃん！』と認めてあげる。そうやって少しずつ自信とやる気を育んでいくのが当社のやり方です。

ようは、スモールステップをいかにつくるかが腕の見せどころですね」（吉川充秀社長）

② 頭が柔らかい人

頭が柔らかい人とは、「もっと良い方法はないか」、「今のやり方で本当に良いのだろうか」と常に考えている人のことです。

反対に、頭が固い人は、「これが正しい」「このやり方が最高だ」と思っている人のことです。

社員の中にも、頭が固い人が大勢います。頭が固い人に共通しているのは、「失敗に対する耐性が弱い」ことです。

わが社で、次の条件を満たす社員は、頭が固い傾向にあります。

「エナジャイザー（診断ツール）の能力判定がB以上あって、小・中学校時代は成績が良かったのに、高校・大学で失速した人」

小学校、中学校（とくに公立）には、特定の学区（狭いエリア）の子どもたちが学力を問わずに集められています。ひとクラスの人数も少ないため、それなりに勉強をするだけでもクラスで一番になれる。

しかし高校に入ると、同じような成績の学生が広いエリアから集まっているため、今までと同じ意識、同じ勉強のやり方では一番になれません。必ず順位を落とす。そのとき、「俺はダメだ」とすぐにあきらめてしまう人は、頭が固い。本来は能力があるのに、それを発揮する努力をしていないからです。

一方で順位を落としたとき、「では、違う勉強のやり方をしてみよう」と自分を変えることができる人は、成績が伸びます。

「ダメ」という言葉は、「さんざん努力をしたのに、それでも結果が出なかったときにはじめて口にする言葉」であって、努力をしていない人が口にしていい言葉ではありません。

私は山梨県の田舎で育ち、小・中学校時代は成績が良く、高校では地元の進学校に進みました。

私が入った高校は全13クラスあって、1クラス55人。成績の1番から55番までが1組、56番から110番が2組……と、成績順にクラスが分けられていました。

1年のとき、私は2組でした。2年生になると、8組に落ちました。3年生のときはさらに落ちて、13組でした（笑）。

13組ともなれば、「大学に進学しよう」と考える前向きな生徒はいません。担任の先生でさえ、「受験しても、どうせ受からない」とあきらめ顔でした。

それでも私はあきらめず、「100点を狙わない」「苦手な教科には手をつけない」「難しい問題はやらない」といった受験戦略を立て、**ビリの成績**ではあったものの、狙いどおり、東京経済大学に入学できました。

③ 結果ばかりでなく、プロセスもチェックする人

結果も大切ですが、プロセスも大切です。

同じ仕事でも、順番を変えると結果は変わります。一所懸命頑張っているのに成果が出ないのは、プロセスに間違いがあるからです。

したがって上司は、部下が「どのように仕事をやっているか」「どの作業を、どの順番で行っているか」をチェックする必要があります。

凡庸な上司（管理職）は、部下の結果して見ていません。部下が結果を残したとき

は評価し、残せなかったときは肩を落とします。部下の継続的な成長を促すには、途中経過にも目を向ける。

「どうして結果が出たのか」「どうして結果が出なかったか」のプロセスを明らかにする必要があります。

④ 部下の話を黙って30分聞ける人

上司はどんなときでも、「話し役」ではなく「聞き役」に徹するべきです。会社の飲み会がつまらないのは、社長や上司が自分の思いを長々と「語る」からです。

武蔵野の飲み会が盛り上がるのは、社長や上司が「部下の聞きたいこと（＝質問）」に答えるからです。

「口」がひとつで「耳」が2つなのは、哲学的に解釈をすると、「しゃべることの倍聞け」という意味です。

世間の人には「小山昇は、おしゃべりが好き」「部下の前で説教ばかりしている」と思われているが、そんなことはありません。案外、**無口**です（笑）。人の話を聞いている時間のほうがずっと長い。

私が社内で一番情報通なのは、講演など大勢の前で話す場合は別として、「話す」よりも「聞く」を重視しているからです。

わが社の幹部は、毎朝6時50分にタクシーで、当番で私を迎えに来ます。自宅から会社までの所要時間は、約**30分**。幹部は会社に到着するまで、「部下の情報」「お客様の情報」「ライバルの情報」を私に報告する決まりです。

私はずっと聞きっぱなし。口を挟むことはありません。口を挟んでしまうと、情報が途絶えてしまいます。

リーダーなら情報の入手経路は、「2系統」持っておく

社員Aから、「ライバルのB社は今、こういう状況になっているようですが、小山さんは知っていますか?」と聞かれたとき、私は「知らない」と答えて、社員Aに話の続きをさせます。

そして翌日、社員Cからも、B社に関する報告が上がってきます。

社員Cの「小山さん、B社は今、こういう状況になっているようですが知っていますか?」という問いかけに対して、私は「知らない」と答えます。

B社については、すでに社員Aから報告を受けているので、本当は知っている。それでもあえて「知らない」と返事をして、社員Cに話をさせます。

なぜ、知っているのに「知らない」と答えたのか?

なぜ、社員Aと社員Cの2人から聞く必要があったのか?

それは、情報が正しいか否かを判断するためです。

社員Aと社員C、2人の話が「一致」していれば、その情報は正しいと判断できます。ですが、2人の話に食い違いがあった場合は、情報を精査する必要があります。

情報経路をひとつに絞ると、正しい判断ができません。

今から25年ほど前に、**航空自衛隊・**府中基地の幹部自衛官から、「自衛隊には、危機管理のため、情報の入手経路が2系統ある」と教えてもらいました。

2系統あれば、どちらかが遮断されても情報が滞ることはありません。また、情報の真偽をたしかめることもできる。両方から同じ情報が届けば、その情報は「正しい」。違う情報が届けば、「疑わしい」ことがわかります。

武蔵野の情報経路も自衛隊と同じです。

「メール」と「ボイスメール（音声データをメールにのせて送信するサービス）」の2つのツールを利用していたのは、危機管理のため。そして私が「知らない」と答えるのも、情報の**真偽**をたしかめるためです。

管理職は、「人」ではなく「仕事」を管理する

「好き嫌い」で部下を評価してはいけない

管理職は「部下を管理する人」の呼称ですが、厳密に言うと、管理職が管理するのは部下ではありません。部下の「仕事（したこと）」です。人ではなく仕事を管理するのが管理職です。

管理とは「人を管理すること」のように受け止められがちですが、「人」を管理すると、人材の差配や評価に管理者の「好き嫌い」が入り込みやすくなります。

人は感情の動物で、好きな部下も苦手な部下もいる。けれど、好き嫌いを抜きにし

て、部下を客観的に評価するのが管理職の仕事です（上司の感情が評価に影響しないよう評価シートを使って部下の「仕事」をチェックしています）。

仕事を管理するポイントは、次の「3つ」です。

【仕事を管理する3つのポイント】

①　100点を期待しない
②　高度なことは要求しない
③　低レベルなことから徹底する

①　100点を期待しない

部下に「100点」を期待してはいません。一番大切なのは、とにかくやらせてみることです。

人は、新しいことや、難しく思えることを「やれ」と言われると、失敗が怖くて、ものおじします。

そのようなときはハードルを下げて、「**デタラメでいい**からやってみよう」と言えばいい。なぜなら、デタラメなら誰でもできるからです。デタラメでもいいからやってみると、失敗します。

失敗した部下に対しては、「気づけてよかったじゃないか。ひとつ前進だな」と認めてあげる。そうすれば部下は、「次は失敗しないように頑張ろう」「失敗を許してもらえるから、どんどんチャレンジしよう」と前向きになります。

②高度なことは要求しない

あまり難しいことは要求しない。月に100万円を売り上げるのがやっとの部下に「今月は500万円売ってこい」などと指示してはいけません。「前月比10パーセント増」（110万円）なら上出来です。

③低レベルなことから徹底する

わが社の社員Cはとにかく朝が弱く、毎日のように遅刻をしていました。

そこで、当時の上司は策を弄した。毎朝Cにモーニングコールをかけて、起こすことにした。

ところがCは、筋金入りの低レベル。電話を切ったあとに二度寝をして、遅刻を重ねました。上司は次の作戦を考えた。Cにモーニングコールをかけたあと、自ら社用車で迎えに行った。

「なんでいつも寝坊するんだ、バカヤロウ！」と人格を否定したところで、何も変わらない。だとすれば、Cが遅刻をしないためにはどうすればいいかを考え、あと押しするのが、できるリーダーです。

低レベルなことを、低レベルだからといって軽んじたりしない。できることをひとつずつ増やし、徹底して行っているからこそ、わが社は増収増益を達成しています。

部下を生かすも殺すも、上司次第

管理職には、生殺与奪権が与えられている

管理職は、社長の意思決定を実現する人のことです。ですから私は、管理職に方針実行に必要な「生殺与奪権《せいさつよだつけん》」を与えています。

生殺与奪権は、部下の評価を決める権限です。

わが社は「評価シート」に基づいて、半期ごとに、A、B、Cといった評価を決めています。

評価シートには評価項目が決められていて、「4つ」の項目で点数を付け、この点数を参考にしながら、個人の評価を確定しています。

①業績評価……粗利益額と営業利益の評価
②プロセス評価……仕事の基本行動・態度の評価
③方針共有点……勉強会や行事に参加した回数
④環境整備点……環境整備（整理、整頓活動）の実績

わが社は社員同士の相対評価で、評価に差が出る仕組みです。頑張った社員は高く評価され、そこそこの社員はそこそこに評価され、結果を出せなかった社員は低い評価を与えられます。

ところがダメな管理職は、部下に差をつけたがりません。部下が3人いたら、3人ともB評価にする。差をつけると部下に嫌われるからです。

反対に、優秀な管理職は、差をつけます。

・**評価に差をつけることが、部下を成長させるきっかけになる**

・**上司の言うことをきかない部下は、昇格できない（賞与が低い）のが正しい**

ことを理解しているからです。

部下の基本行動や態度を評価する「プロセス評価」に関しては、「上司の独断と偏見でつけていい」というルールです。

「上司の独断と偏見」の意味は、「小山昇は評価に口を挟まない」の意味です。社長といえども、「上司がつけた部下の評価は変えることができない」がわが社のルールです。

生殺与奪権は、非常に大きな力を持っています。生殺与奪権を与えるには、社員教育（管理職教育）をきちんとする。

「管理職の仕事とは何か」「部下の実行責任とは何か」「なぜ社長と社員は価値観を揃えなければいけないのか」をきちんと理解させる。そうしないと管理職がモンスター社員化して、権限を悪用しかねない。課長職は3年を目処に異動がルールです。

上司が権限を悪用し、あまりにも理不尽な評価は、私が対応します。

10年以上前の話です。私は経営計画発表会で、Bさんが優秀社員賞を受賞すると思っていました。優秀社員賞は、上司が推薦して部長会で決まります。ところが、Bさんの名前がなかった。

Bさんの上司に「なぜ推薦しないのか」と聞いたら、「私はBさんに優秀社員賞を取らせたくないのです」と言いました。

私は、Bさんを他の部署に異動した。翌年、Bさんは優秀社員賞を受賞し、現在部長として活躍している。

会社は団体戦。部下を生かすも殺すも、上司次第です。

幹部にとって、数字は人格

遊んでいても、結果が出ていれば許される

私は65歳までは歌舞伎町に足しげく通い、独身時代は「歌舞伎町の夜の帝王」というあだ名がつくほど、キャバクラや高級クラブに精通していました（笑）。

パチンコも、競馬も大好き。けれど銀行は、そんな私を高く評価してくださり、無担保でお金を貸してくれます（最大23億円）。

世間一般の価値観からみれば、少なくとも私は、立派な人格者、**聖人君子ではない**ことはたしかです。

なぜ銀行は、飲む、打つ、買う、すべて揃っているスチャラカな私にお金を貸してくれるのでしょうか。それは私が、**「数字という言葉を使って話す」**からです。

銀行は、社長の人生哲学や経営理念以上に数字を評価します。数字はそれだけで言葉であり、数字が社長の人格です。社長がやるべきことは、会社の利益を上げることです。聖人君子になることではありません。

私は幹部に、「数字」という人格を求めています。

課長職以上は数字が人格（業績評価点の配分が高い）で、結果がすべてです。

「パチンコばかりやっていながらも、数字を上げる社員」と「まじめに一所懸命仕事をしているが、数字が上げられない社員」では、課長職以上は前者を評価します。

わが社の猿谷欣也。部長時代の猿谷は、出張に行くとパチンコ店の近くにホテルを取っていました。パチンコ好きの猿谷にとって、「全国のマルハン（パチンコ・スロット店舗）を制覇する」ことこそ、人生最大の目標だったからです（笑）。

それでも猿谷は結果を出していたので、A評価でした。私は人間ができていますから（笑）、多少サボっていようが、結果が出ている管理職にはとやかく言わない。

ところが猿谷は、のめり込みすぎました。仕事そっちのけでパチンコにハマり、今度はC評価に落ちた。A評価からC評価に落ちると、賞与は半分に減ります。その後猿谷は、「パチンコ店から10キロ以上離れた場所にホテルを予約する」ようになりました（笑）。そして、真面目に仕事に取り組んだ結果、統括本部長になった。

幹部は、「全体最適」で考える

役員と本部長は、「部分最適」ではなく「全体最適」の視点を持たなければなりません。

- **部分最適……特定の部門を最適な状態にする**
- **全体最適……組織全体として最適な状態にする**

部長以下は、「自部門の売上を伸ばす」「自部門の人材の定着を図る」ことを考えていればいい。しかし本部長以上は、「会社全体の利益」を俯瞰してみる目が必要です。

役員と本部長（本部長は事業部のトップ）の仕事は、利益を生み出すこと。新たな事業モデルを構築して稼ぎをつくることです。

人事評価制度は、相対評価と絶対評価を組み合わせています。

一般社員はプロセス評価と業績評価が70対30。つまり、業績よりも頑張りを評価する。課長になると50対50、本部長になると20対80になる。職責が上に行くと、定性的にすばらしいことをやっても、数字を出せなければ評価が低くなります。

役員と本部長は、他の社員の成績を考慮に入れず、基本的に、社員本人の成績で評価しています。比較するのは、過去の自分です。

前年よりも業績が上がれば、「B」以下にはなりません。前年よりも業績が下がれば、良くてB・C評価（悪ければD・E評価）です。

ようするに絶対評価は、社長の人事権と同じです。社長は、本部長に対して生殺与奪権を持っています。

スピード出世する社員としない社員、どこが違うのか？

スピード出世する新卒社員の共通点

武蔵野は、チャンスは平等に与え、**結果で区別する**会社です。したがって、新人でも頑張ればすぐに課長になれるし、ベテランでも頑張らなければ一般社員に更迭されます。

わが社は追い越し歓迎。つまり、先輩を追い越して管理職になることも日常茶飯事です。

新卒社員の中には、入社2年目で部長代理になった齋藤由莉佳や課長になった小田島圭祐、1年で課長に昇進した深井玲那の逸材もいます。スピード出世する社員に共通しているのは、おもに次の2つです。

【スピード出世する新卒社員の2つの共通点】

① フライングをしている
② 素直である

① フライングをしている

フライングとは、「早くスタートを切る」ことです。

わが社は、男性は「ひとり暮らし」が入社の条件です。内定者は入社式までに引っ越せばOKですが、ひとり暮らしを早くはじめた人のほうが、結果的に早く昇進しています。

「1日でも早く社会に出たい」「1日でも早く武蔵野の一員になりたい」の意欲が入社後に成績としてあらわれるからです。

1月末までに引っ越しをした内定者には、「フライング手当て」を支給しています。

採用部・採用課長の本間美登里、同じく採用課長の宇野謙志朗、採用担当の原奈々絵の3人は、武蔵野の「2021採用サイト」の中で、ひとり暮らしのメリットについて次のように述べています（採用サイトより一部抜粋して紹介）。

「はじめに大変な思いをすることで『成果を上げて稼ぐぞ！』というモチベーションになります。

仕事終わりや休みの日は、同期の家に行ったり、来てもらったりして一緒に料理をしています。いつでも同期に会える環境なのは、私にとってすごく大事な部分だなと思います。

また、お金も健康も時間も全て自己管理になるので、人としても成長できたかなと思います」（本間美登里）

「大学までひとり暮らしを1回もしたことがなかったので、普段、母親がしてくれていた洗濯や掃除、自炊がとても大変で親のありがたみを感じました。

また、お金の節約など、自分のお金の価値観なども変わって自分を大きく成長させ

てくれたなと感じています！」（宇野謙志朗）

「ひとり暮らしは、もちろん家事をひとりでやらなければいけなかったり、自分のお給料の中でやりくりしたりという部分では大変だなと思うこともありますが、これから結婚して家庭を持つとなったときにはすごく大切な経験なんじゃないかなと思います！

ひとり暮らしをしてみて、今まで当たり前のように準備されていたご飯も、いつもやってもらっていた洗濯物も何もかも当たり前ではなかったんだなと、あらためて両親のありがたみを感じ、感謝できるようになりました！」（原奈々絵）

② 素直である

「わからないこと」があったら、些細《ささい》なことでも「わからないので、教えてください」と聞ける人は早く伸びます。

プライドの高い人は、上司から「こんなこともわからないのか」と言われるのが恥ずかしくて、人に聞こうとはしない。

ですが、「人に聞く」「人に教えてもらう」は恥ではありません。人が伸びるためにもっとも必要な条件です。格好をつけていても何の成長もしません。

「すみません」「失敗しました」「教えてください」が自然に口に出る人は、「成果が出ていることをそのまま真似できる」ので結果が出やすい。

聞くのはタダです。どんどん聞けばいい。わが社で、「同じことを何回も聞く社員」ほど、早く成長しています。

自分の力に頼って成績が上がらない人と、上司の力を借りて成績が上がる人ではどちらが優秀だと思いますか?

上司の力を借りて成績を上げた人です。

上司は、多くの経験を持っているから、素直になって教えてもらうのが出世の近道です。

わからないことは上司に聞く。「上司をこき使う」くらいの気持ちで教えを乞う若手が、確実に成長します。

株式会社テルズ＆クイーンの鈴木一輝社長も「素直な社員ほど成長する」と感じています。

「伸びるか伸びないかは、失敗をしたあとの姿勢でわかります。伸びる社員は、失敗したあとすぐに事実を受け止め、自分を律する。反対に伸びない人は、『自分に実力がなかった』『自分に非があった』という事実から目を背け、『でも、だって、しかし、そうはいっても……』と、他人のせいにする傾向にあります。だから、いつまでも自分を変えることができません」

現在、当社の本部長を務める山本紗矢香は、とても厳しく、けれど愛情を持って部下を指導するリーダーです。かつて山本の下に、松田恵美という社員がいました。松田は山本の厳しい指導に耐え切れず、山本の上司（常務）に、『山本さんが厳しすぎるので、この状態が続くなら、会社を辞めます』と直談判をしたんです。辞めることはなかったものの、当時勤めていた名古屋店から、金沢店に異動となりました。ようは、山本の下から外れたわけです。

ところが、金沢店でも上司とうまくいかず、さらに転勤。次の長岡店でもうまくいかず、高岡店に転勤。高岡店でもうまくいかず、現在は、福井店に転勤しています。松田が同じことを繰り返してしまったのは、『逃げ続けてきた』からです。うまくいかないことがあったとき、その事実と向き合って乗り越えるのではなく、『逃げる』という選択をしてきた。都合が悪くなったら逃げてきた。逃げることしかしてこなかった人が、仲間から信頼されることはありません。

4年かかってようやくそのことを自覚した松田は、『私の人生の一番の失敗は、山本さんから逃げたこと。逃げたりせず、向き合っていれば、これほど時間はかからなかった』と話していました。自分の間違いを認め、素直になる。そして、教えを乞う。その姿勢が人を成長させるのだと思います」（鈴木一輝社長）

［コラム］

できるリーダーの「お金」の使い方

歌舞伎町に「？億円＋4億8千万円」使った小山昇

若いときの私は、賞与が支給されると、数日で全部使い切っていました。当時の私の辞書には「貯金」という文字も、「節約」という文字もない（笑）。

私が結婚したのは、44歳のとき。当時の年収は２０００万円以上ありましたが、**貯金はわずか「33円」**です。

私は武蔵野の社長になる前、株式会社ベリーというおしぼりの会社の社長をしていました。

あるとき、武蔵野の創業者である藤本寅雄から「武蔵野に戻って、会社を手伝ってくれないか」と打診があり（私は大学在学中から武蔵野で働いていましたが、自分で事業を興すために退社していました）、そこから二足の草鞋《わらじ》を履くこととなった。

藤本が亡くなったあとは、ベリーを1億円で売却して武蔵野の専務になり、その1年後に武蔵野の社長に就任しました。

この話をすると多くの人は、「小山さんは、ベリーの売却で得た1億円を原資にして、武蔵野の株を買ったのだろう」と勘違いします。そんなわけがない（笑）。

1億円はすべて、見事に、きれいさっぱり、歌舞伎町のネオン街に消えていきました（本書の冒頭でもお話ししたように、私は歌舞伎町で、？億円＋4億8千万円使っています）。

「お酒やギャンブルに何のメリットがあるのか」と思われるかもしれませんが、私は、遊びも仕事も同じ頭でしている。だから、キャバクラに行くことも麻雀をすることも、何ひとつ無駄ではなかった。

小山昇が貯金をしなかった4つの理由

独身時代に貯金をしなかったのは、私がお金に無頓着だったからではありません。むしろその逆。私は当時からお金の使い方に対して、明確なルールを持っていました。

私が貯金をしなかった理由は、おもに「4つ」あります。

① 野心を持てなくなる

蓄えがあると今の自分に安住してしまい、野心を持てなくなる。

② ストレス発散になる

お金は適度に使ってあげるほうが、心にも身体にも一番いい。お金を手放すと、ストレスも同時に手放すことができる。

③ 健康に気を使うようになる

お金がないから、病気になっても病院に行けない。だから、健康管理には人一倍気を使うようになる。午前様は、月に1、2回と少ない。

④ 形ではなく、経験に投資する

「形のあるもの」は、減価償却をして少しずつ価値が減っていく。一方で「経験」は、時間が経っても目減りしない。増え続けていく。

なかでも、「④」は重要です。私のまわりでも、「貯金をしないで、仕事以外のことにお金を全部使っていた人」が出世しています。

若いうちは形に残らないことにめいっぱいお金を使う。それは決して浪費ではなく、のちの自分を成長させる**「含み資産」**だと思います。

わが社の久木野厚則、五十嵐善久、小林哲也、渡邉毅人（現・株式会社渡辺住研社長）の4人は同期社員ですが、五十嵐だけ本部長になれなかった。その理由の一端は、彼らのお金の使い方からもわかります。

五十嵐は趣味のクルマにお金をかけた。けれどほかの3人は、お酒（コミュニケーション）に使った。その差です。

久木野と小林と渡邉は、「人間関係」にお金を使うことを厭わなかった。だから出世できた。

若いうちは、「貯金」よりも「体験」

私は**社会勉強**をし過ぎて（笑）、44歳まで独身でした。

結婚の適齢期は人それぞれだと思いますが、個人的には、「20代前半では結婚しないほうがいいのでは」と考えています。

なぜなら、結婚すると生活資金が必要になり、「形のないもの」（＝経験）に投資できないからです。

かつてわが社にいたAくんとBくんは、2人とも倹約家で、コツコツと貯金をしていました。

私が「なぜ、貯金をしているの？」と聞くと、彼らはこう答えました。

Aくん　「病気になったときに困るからです」

Bくん　「家を買いたいんです。持ち家があったほうが、結婚相手も見つかりやすいと思うので……」

この2人はどうなったかというと、Aくんは本当に病気にかかってしまい、治療のために貯金を使いました。彼は無事に目的を果たしたことになります。

Bくんにはいつまでも婚期はやってきませんでした。Bくんはなぜモテなかったのか。その理由は、「人としての面白みがなかったから」です。

「一緒にいても面白くないけれど、家を持っている男性」と「持ち家はないけれど、一緒にいて楽しい男性」なら、女性はどちらの男性を選ぶのでしょうか。

わが社の女性社員の多くは「後者」と答えます。なぜなら、結婚は「家」とするものではなく、「人」とするものだからです。魅力的な男性と結婚して、楽しい家庭を築きながら家を持っても遅くはない。

Bくんは**自分を磨く**こと（いろいろな経験をすること）にお金を使わなかった。だから婚期が遅れ、今も独身です。

「本物」を知るために、惜しみなくお金を使う

普通の人は、お金を払って「形のあるもの」を買います。時計を買ったり、クルマを買ったり、洋服を買ったり……。

私は、形のあるものを最低限度持っていればいい。自己投資は、物欲や所有欲を満たすことではなく、「経験に投資する」ことです。

私の娘が幼稚園に入園するとき、妻が「子どもの様子を映像に残しておきたいので、ビデオカメラを買ってもいいか」と聞いてきました。私の返事は、もちろん「ノー」。「使い捨てカメラで十分！」と答えた。

ビデオカメラを買っても、頻繁に使うわけではないから、わざわざ買う必要はありません。どうしても動画を残しておきたいのなら、ママ友が撮影した映像をコピーさせてもらえばいい。

その代わり、「本物」に触れる機会があれば、惜しみなくお金を使いました。

毎年、妻と娘を経営サポートパートナー制度ができる前から続いている「小山経営研究会」のメンバーとの**ヨーロッパ研修**に同行させました。世界を知ることは、感性を磨くことです。

日本で、同じ景色が延々と続くことはありません。北海道でも、せいぜい2時間くらいではないでしょうか。ところがノルウェーでは、7時間も8時間も、同じ田園風景が続く。すると、「田園」に対する概念が変わり、感性が養われます。

人を成長させるのは**「体験」**です。狭い世界、小さい世界の経験しかない人は、自分を変えることができません。

「自己投資を惜しまない」は、会社に置き換えると、「社員への投資を惜しまない」と同義です。

毎年、**「ラスベガス研修」**を年2回実施していますが、参加回数の多い社員ほど出世しています（入社4、5年目の社員のほか、新人賞や社長賞、優秀社員賞を受賞した社員が参加できる仕組み）。

なぜ、ラスベガス研修に参加した社員は伸びるのかといえば、「気づく力」＝「感性」が養われるからです。

ラスベガスは第2次世界大戦が終了するまでは、人口2万人にも満たない小さな町でした。1950年代に入ると、デザートイン、サンズ、サハラ、リビエラなどの豪華カジノホテルが次々とオープン。私がはじめてラスベガスに行ったとき、人口は約70万人でした。その10年後には140万人になり、現在は200万人（都市圏）を超えています。

ラスベガスは変化し続けているので、訪れるたびに「何が変わったのか、どうして変わったのか」に**気づく**ことができます（4泊6日の研修期間中に「1000個以上、気づいたことをレポートする」のが決まります）。

この研修の費用だけでも、年間で約2500万円かかっています。しかし、社員に投資をして、さまざまな経験を積ませることが、社長の責務です。社長がお金をかけなければ、社員は育ちません。

2019年12月、中国の深圳《シンセン》に行った。

40年前2万人の漁港だった町が１３５０万都市になり、公共交通バス・タクシーはＥＶ（電気自動車）だった（現在は45分の充電で５３０㎞、将来は10分の充電で１０００㎞）。５Ｇ（日本は４Ｇ）でバスの無人運転、ドローン生活などを体験した。「これが最高でない」を体感した。

部下とのコミュニケーションに、どんどんお金を使う

管理職は、次の２つのことにお金を使ったほうがいい。

ひとつは、「形のないもの（経験となるもの）」。もうひとつは「部下とのコミュニケーション」です。

わが社の日高歩美は、入社２年目で課長になった社員です。課長なると賞与額も上がるので、日高は入社２年目で、賞与55万円（半期で）を手にしました。

「自分が昇進できたのは、スタッフの協力があってこそ」と考えた日高は、彼女が束ねる部門のスタッフ、約70人全員に、１個１５０円の**シュークリーム**を差し入れた。

日高は「まわりに還元しよう」の気持ちがありました。こうした心配りができると、スタッフも日高に感謝する。日高を盛り立てようと頑張る。それがまた好成績、賞与アップへとつながっていきます。

多くの管理職は、自分が儲かることに目が向いています。「どうすれば、もっと給与が良くなるか」と「どうすれば、もっと稼げるようになるか」を考える。ですが、できるリーダーは、稼ぎ方より**お金の使い方**がうまい。「稼いだお金をどう使うか」に目を向けています。

「稼いだから使う」のではなく、「体験や、人のために身銭を切ることで、結果的に稼げるようになる」ことがわかっている。

「いかにしてお金を稼ぐか」を考えているうちは、「まだ2流」と心得る。

第4章

「仕組み」をつくって、巧みに運用する

社員が会社を辞める3つの理由

これからは、「販売戦略」ではなく「人材戦略」

私は、時代認識として、「中小企業を取り巻く経営環境は、２０１４年から大きく変わった」と考えています。

・２０１３年まで……販売戦略、営業戦略の時代

営業力がある会社や、販売戦略が巧みな会社が業績を伸ばした。他社に抜きんでた商品、他社より優れたサービスを持っていることが競争の大前提。社員が辞めても、新しい人をすぐに採用することができた。

・２０１４年以降……人材戦略の時代

働いてくれる人の数と実力（社員の総合力）が企業の優劣を決める。社員が辞めると、なかなか次の人材が採用できない。優れた商品やサービスがあっても、人の手によるオペレーションがなければ、利益を生み出せない。人が採れない時代に必要なのは、社員を定着させること。「今いるメンバー」の戦力化を図ることが大切。

２０１４年以降、中小企業をめぐる**人材難**は深刻です。なぜ、社員は会社を「辞めたい」と考えるのでしょうか。

求人情報メディア、エン・ジャパン株式会社が総合転職支援サービス『エン転職』上で、「退職のきっかけ」についてアンケートを実施しています（参照：エン・ジャパン株式会社　プレスリリース／回答数1万74名／調査期間：２０１９年７月29日〜８月27日）。

「これまでに退職を考えたことはありますか?」との質問に対し、96%が「ある」と回答。「退職を考えはじめたきっかけ」のトップ10は次のとおりです。

1 やりがい・達成感を感じない 41％
2 給与が低かった 41％
3 企業の将来性に疑問を感じた 36％
4 人間関係が悪かった 35％
5 残業・休日出勤など拘束時間が長かった 26％
6 評価・人事制度に不満があった 26％
7 自分の成長が止まった・成長感がない 24％
8 社風や風土が合わなかった 22％
9 業界・企業の将来性が不安だった 16％
10 やりたい仕事ではなかった 15％

会社を辞める理由は、「仕事」「上司」「会社」が嫌いだから

「会社を辞める理由は、大きく3つに大別できる」と考えています。

【会社を辞める3つの理由】
①「仕事」が嫌で辞める
②「上司」が嫌で辞める
③「会社」が嫌で辞める

①の「**仕事**が嫌で辞める」は、人事異動を行うなどして、仕事の内容を変えることで、離職を防ぐことができます。

②の「**上司**が嫌で辞める」は、上司と部下の間に、コミュニケーション不全が起きています。コミュニケーション不全は、多くの場合、上司に責任があります。面談や懇親会を定例化するなど、社内の風通しを良くする仕組みが必要です。

③の「**会社**が嫌で辞める」は、会社の仕組みが徹底されていないからです。「会社のルールを知らない（知らされていない）」と不満を募らせ、離職率が高くなります。

前述した「退職を考えた理由トップ10」に対して、武蔵野は次のような対策を取っています。

●やりがい・達成感を感じない／企業の将来性に疑問を感じた／業界・企業の将来性が不安だった

……経営計画書に「長期事業構想書」を明記。「5年で売上を倍にする」といった会社のビジョンを明らかにして社員に夢を与える。

「サンクスカード」（「〇〇さん、ありがとうございます」と小さな感謝を伝える仕組み）や表彰制度を設け、社員の承認欲求を満たす。

●給与が低かった／評価・人事制度に不満があった

……人事評価制度を公開したり、給与体系勉強会を実施して「どうすれば給与が上がるのか」「どうすれば昇進するのか」を具体的に説明する。頑張ればそれだけ給与が上がる仕組みをつくる。

正しい評価が行われるように、管理職と部下が定期的に評価面談を行う。

●人間関係が悪かった

……経営計画書に「コミュニケーションに関する方針」を明記して、社員同士の親睦を図る。「評価面談」「部門懇親会」「サシ飲み」「社長と食事会」「夢の共有」といったコミュニケーションの場をつくる。

●残業・休日出勤など拘束時間が長かった

……バックヤードのデジタル化を進め、積極的に残業改革に取り組む。全社員が連続休暇、有給休暇を取得できるようにする。

●自分の成長が止まった・成長感がない／社風や風土が合わなかった

……社員が成長意欲を感じられるように教育に力を入れて、「それなりの人材」の底上げをする。価値観教育に力を入れて、社員全員が同じ価値観の下で仕事ができるようにする。

●やりたい仕事ではなかった
……人事異動を繰り返す。社員の得意・不得意を見極めて、得意を伸ばす（長所を伸ばす人材配置を心がける）。

部下の定着率を上げた管理職を評価する

２０１４年までのわが社は、「5年以上勤めた社員が『辞める』と言ってきたら、引きとめない」がルールで、引き止めた管理職は始末書でした。

ところが現在は、真逆です。「5年以上勤めた社員が『辞める』と言ってきたら、全力で引き止める」がルールです。引き止めない管理職は始末書です。

管理職は挙げた業績によってその評価が定まります。しかしわが社では、業績はもとより、

・「部下の定着率を上げた管理職」
・「部下が『辞めたい』と言わないようにマネジメントできる管理職」

を高く評価しています。

「最近の若者は根性がないからすぐに辞めてしまう」といった論調を耳にします。しかし、本当に辞める側だけが悪いのでしょうか？

会社側に非はないのでしょうか？

私は、「むしろ、会社側にこそ非がある」と考えています。

武蔵野は、「社員が辞めるのは会社側に問題がある」と認識を持って、組織改革を行っています。その結果、離職率は大幅に減少しました。

２０１６年から２０１９年の３年間で新卒社員を71名採用し、辞めたのはわずか２名です（そのうち１名は、入社前から退職を考えていたので、実質１名）。

また、この10年間「10年以上勤続している社員」の中で退社したのは１名だけです。

定着率が向上（離職率が減少）した理由は、人間の心理をベースに、「仕事」が嫌にならない仕組み、「上司」が嫌にならない仕組み、「会社」が嫌にならない仕組みをつくり、巧みに運用しているからです。

誰が管理しても組織が動く仕組みをつくる

ランドマーク税理士法人は、相続相談1万7000件、相続税申告4000件超の実績を誇る相続税申告・生前対策・各種税務申告の専門の税理士事務所です。

会計事務所の9割が「従業員数5名以下」と言われている中で、ランドマーク税理士法人は、税務会計コンサルタント、内勤スタッフ、マーケティング、業務管理など、260名以上（2020年1月時点）の従業員を抱えています。

清田幸弘代表は、時代の変化と規模の変化（従業員数の増加）に合わせて、マネジメントの方法を変えています。

「かつて、税理士事務所は丁稚奉公の世界で、コツコツと経験を積んで独立するのが一般的でした。必要なのは税理士としての実力であって、マネジメント能力は不要。私が若いころは、鉄拳制裁が当たり前な時代でした。

『厳しく指導しなければ伸びない』という風潮があり、お恥ずかしい話、ランドマーク税理士法人がまだ弱小事務所だったときは、私も部下に厳しく接していました。手を出すことはありませんでしたが、怒鳴ったことは何度もあります。

ですが、規模が大きくなるにつれ、『叱責しても人は育たない』『税理士として優秀でも、人を管理できなければリーダーにはなれない』『マネジメントの仕組みをつくらないと、人は定着しない』ことに気がつき、考え方をあらためました。私が声を荒げて進めていく段階ではもうないということですね」（清田幸弘代表）

清田代表は5年前から武蔵野で学び、「誰がマネジメントしても組織が勝手に動いていく仕組みづくり」に取り組んでいます。

「マネジメント能力のある人ばかりとは限りませんから、誰が管理職になっても滞ることなく人と組織が動いていく仕組みづくりが大切です。経営計画書による方針の徹底をはじめ、今後は、書類のチェックをする部署と営業の部署を分けるなど、内部の監査体制なども強化していきます」（清田幸弘代表）

労働時間は減りながらも、売上は伸びている武蔵野の不思議

生産性の向上とは、「働く時間を減らして、利益を上げる」こと

武蔵野が現在、もっとも力を入れている施策が「生産性の向上」です。

生産性の向上は、「働く時間を減らして、利益を上げる」ことです。

残業を減らし、休日は増やし、それでいて利益を上げるために、業務の仕組み化、効率化に力を入れています。

残業時間の削減に本格的に取り組んだのは２０１４年（２０１５年度）からです。取り組む以前は、１００時間近い社員が何人もいました。

当時の全社平均残業時間は、月間**「76時間」**でした。現在は、**「11時間」**に減っています。

ウェブ上で「誰が、どれくらい残業をしているのか」を集計し、公開しています。

2019年5月の全社員の残業時間の月間平均は、「13時間40分」でした。一番残業が多かった社員は相原啓人で70時間、続いて岡田稜平の64時間、3番目が伊藤直人の56時間。

労働基準法36条（サブロク協定）によって、「労働者に法定時間を超えて働かせる場合（残業をさせる場合）、あらかじめ、労働組合または、労働者の代表と協定を結ばなくてはならない」と決められています。しかし協定を結んでも、無制限で残業をさせるわけにはいきません。

サブロク協定で定められている「時間外労働の限度時間」（一般の延長限度）は、「1ヵ月45時間以内」です（事業や業務の性質によっては、例外的に36協定の限度時間が適用されない業務がある）。したがって残業は、「45時間未満」にとどめなければ、法令違反となってしまいます。

残業が多い月と、残業が少ない月では、どちらが売上は多いと思いますか？
一般的に考えれば、前者です。
ですが**わが社は、残業が少なくなるほど売上が上がりました。**理由は、仕事の濃度、密度が濃くなったからです。

スポーツにたとえてみると、わかりやすい。1ヵ月に76時間練習するチームと、11時間しか練習しないチームが戦った場合、「76時間練習するチーム」のほうが強いに決まっています。ですがそれは、どちらのチームもサボらずに練習をした場合の比較です。質が同じであれば、量の多いほうが勝ちます。

では、「76時間、ダラダラと無駄な練習ばかりして、選手全員に疲労が蓄積しているチーム」と、「11時間しか練習をしていないけれど、密度が濃く、凝縮されたトレーニングをしているチーム」では、どうでしょうか。
後者の圧勝です。

武蔵野は、「76時間のダラダラチーム」から、「11時間の凝縮チーム」へと生まれ変わった。だから、労働時間は減ったのに売上は上がっています。

【武蔵野の売上の推移】

・48期……40億円
・49期……45億円
・50期……48億円
・51期……49億円
・52期……55億円
・53期……61億円
・54期……70億円
・55期（2018年）……75億円

① デジタル化

デジタル化でバックヤードの効率化を実現する

「スモールテリトリー・ビッグシェア」で生産性を上げる

残業を減らしながら売上を上げるために、武蔵野がとくに注力しているのが、

① **デジタル化**
② **社員教育**
③ **人事評価制度**

の3つです。

ダスキンのような掃除用品のサービス業界は、25年以上前から右肩下がりです。業界全体の売上規模は落ちています。

しかしわが社は、業界の定説とは反対に、継続的に売上を伸ばしています。

その理由のひとつは、狭いエリアで大きなシェアを獲得するテリトリー戦略を徹底している。

多くの社長は「売上が上がる」ことだけを目的にしていますが、私は、売上が上がることよりも、「社員ひとりあたりの生産性が上がる」ことを大切にしています。そのためには、わが社の強みに特化する必要があります。

積極的なデジタル化によって、社員の生産性（労働時間を減らし、利益を増やす）は大きく向上しています。

ライバルに勝つために必要なのは、「お金」と「ツール」

ライバルとの戦いに勝つには、「資源、資本」と「武器」の2つを拡充すべきです。

日本が太平洋戦争で負けた理由は、国力の差があったから。具体的には、「石油量（エネルギー資源）の差」と「火力（武力）の差」で日本は圧倒的に劣っていたからだと私は考えています。

・「**資源、資本**」

戦争では、航空機、車両、戦艦と石油を使うことが多くなる。しかし日本の石油産出量は微々たるものだったので、外国からの輸入に頼らざるをえない。石油産出国が「戦争をしている日本には石油を売らない」となれば、石油不足は深刻になります。

会社経営でいえば、石油＝お金です。お金がある会社とない会社では、どちらか強いかは一目瞭然です。

武蔵野が、増収増益でありながらも銀行からの借り入れをしているのは、現金は会社の血液だから。設備投資やお客様の数を増やすために投資する必要があるからです。

・「**武器**」

連合軍は空爆。日本は竹槍。竹槍で航空機を落とすことはできません。

会社経営も同じです。体力勝負だけでは勝てない。デジタルツールを導入してシェアを伸ばす。デジタル化・ＩＴ化は、「空中戦」ができるための戦略です。

１９９７年以降、急進的なデジタル化を進めています。

デジタル化には大きなコストがかかるが、それによって生まれた時間をお客様サービスや新規開拓などに充《あ》てれば、投資額を上回る業績を上げることが可能です。

【武蔵野のデジタル化 一例】

・２０１２年以降、２５６人の社員だけでなくパート、アルバイト、内定者も含めて全員にｉＰａｄを支給。取引業者の一部にも貸与している。総数は**７５０台**。

・出庫、納品、回収、精算の各業務を一貫処理する「ダスキン精算システム」を構築。紙に出力していた各種リストをｉＰａｄで表示し、ｉＰａｄ上で修正・変更・追加を行う。
お客様への納品で、「モップを追加」「このスポンジは次回から不要」と変更があった場合、お客様の目の前でｉＰａｄ上の伝票を修正してレシートを発行する（ｉＰａｄを本社の基幹システムと通信でつなげているので、マスターデータの変更も同時に完了する）。

「ダスキン精算システム」により、毎日20〜30分かかっていた精算・入力作業と月末の棚卸し作業が不要となる。

・稟議システムは、操作性や見栄えを意識して開発。**稟議の50%は1日で決裁**でき、午前中に起案され承認されたら、その日の夕方に金額が振り込まれる。

・スケジュール管理もウェブ上で行う。かつては、ホワイトボードに書かれた各自のスケジュールを見て会議や打ち合わせの日時を決めていたが、現在は、スケジュール管理もウェブ上で共有。iPadで確認できるので、仕事が迅速に進む。

・オンライン・ストレージ「BOX《ボックス》」を使って、会社に分散しているさまざまなデータを1カ所に集約。共有を図る。Excelなら50世代までログを見られるので、誰がいつ何をしたかを詳細に把握できるのも大きなメリット。

・２０１９年5月よりデータ・ドリブン事業部を発足し、データ・ドリブン経営（データに基づいて判断・アクションする経営のこと）への取り組みを開始。データ・ドリブンは、データを総合的に分析し、未来予測・意思決定・企画立案などに役立てる。

「Googleデータポータル」を導入することで、これまで**社内で眠っていた数値データ**を生き返らせることに成功。人事、マイページ、マーケティング、営業サポートなど、各部門において「データ主導型」の経営に舵を切る。

・全従業員のタイムカードデータを「Googleスプレッドシート」に移行し、データポータルでグラフ化、ランキング形式にすることで、誰が一番残業をしているのか、ひと目でわかる。

・コールセンターに、「Googleクラウドプラットフォーム」を利用したクラウドＡＩ

サービス「ＭＳＹＳ Ｏｍｎｉｓ」を導入。

オペレーターとお客様との会話の中からマニュアルやルールブックを表示させることにより、膨大な情報の中からピンポイントに探すことで業務効率を向上。

・マイページに登録したお客様の声をＡＩで解析。
①ポジティブ・ネガティブを自動識別してスコアリング（マイナス０・９〜プラス０・９とスコアが自動的に出る）し、自社や商品の強み・弱みを把握。
②頻出単語をランキング表示することで、成績の良い営業マンがお客様から集める情報はどんなものが多いのかを分析。
数値データだけでなく、「お客様の声」という定性データをもとにデータ・ドリブンします。
③株式会社六日町自動車学校（佐藤与仁社長／新潟県）は、感情分析のポジティブまたはネガティブを数値化した。
★形容詞の出現頻度は５１４２回で、「優しい」が６６９回、「楽しい」が５９５回
★感動詞の出現頻度は１７６０回で、「ありがとう」が１６８０回。

★結果から読み取れたキャッチコピーは、「優しい先生が楽しく教えてくれる」「かつ安く免許が取れる」

強味を伸ばす。「指導員のお客様接点を増やす」「とにかくお客様に触れる。コミュニケーションは回数」——お客様の声によって販売戦略を変更した。

2020年4月、データ・ドリブン事業部は売上1億円を超えた。

システムをつくるだけではダメ。運用して価値がある

社員が新しいことに反対するのは、習慣を変えたくないから

私が「こういうシステムを導入する」と発表すると、社員は必ず反対します。

１９８６年に、わが社がパソコンによるスケジュール管理を導入したとき、社内には反対の声が渦巻きました。

１９９４年にボイスメールを導入したときも、１９９５年のネットワーク化のときも、２０００年のｉモード導入のときも、２０１２年のｉＰａｄ導入のときも、誰ひとり例外なく、もれなく、全員一致で反対しました。

慣れたやり方を変えることに「ノー」の気持ちを持つのが普通の社員です。その心理を無視して「使え」と命じるのは**愚の骨頂**です。

新しいシステムが定着しないのは、使う側の問題ではなく、使わせる側に「巧みさ」がないからです。

社員が「新しいこと」に反対するのは、習慣を変えることに抵抗があるからです。そこで私は、嫌々ながら使わざるを得ない巧みな工夫を講じています。

【巧みにITツールを運用する仕組み 一例】

・誰もが使えるシステムにする

ITスキルが高い人しか使えない高度なシステムはいらない。簡単な仕組みで、全員が使えることが重要です。

わが社には75歳以上の従業員が4名いますが、若い人と一緒にiPadを使って仕事をしています。全員が使えないと、システムの一貫性が途切れてしまい、業務の非効率が生じます。

業務システムにアクセスするとき、普通はIDとパスワードを入力します。しかし、毎回ＩＤやパスワードを入れるのは面倒なので、アプリ化して、アイコンをクリックするだけでアクセスできるようにしています。

・見切り発車で運用する

最初から１００点のシステムをつくろうとすると開発に時間がかかり、利用開始が遅れます。新規開発のシステムは早く動かすことが重要です。

新しいシステムはバグがあって当然で、80点前後で見切り発車で運用し、その都度、修正を加えます。

・新規システムは、スモールスタート

新規開発のシステムは、最初から全社展開するのではなく、一部の部署から試用します。スモールスタートにすれば、修正の影響範囲が小さくて済むからです。

・ＩＴツールの私用を認める

ＩＴツールを私用で利用することを許可しています。

会社から貸与されたｉＰａｄでゲームをしたり、自宅で好きなウェブサイトを閲覧してもかまいません。私用であっても、実際に自分で触ってみることで、ＩＴスキルは向上します。また、全員に同じ端末を持たせているので、従業員同士で使い方を教え合うことができます。

ガラケーしか持ったことがなかったパートが、ｉＰａｄを支給されたことでＬＩＮＥを使ってコミュニケーションを取るようになり、Chatwork（チャットワーク）の使用で部署の風通しが良くなっています。

・今使っているツールを捨てさせる

オンライン・ストレージの「ＢＯＸ《ボックス》」を導入したときは、ある時点をもって、古いシステムを使えないようにしました。

「既存のパソコンを全部（１００台）処分して、新しいパソコンに買い換える。新しいパソコンは、ハードディスクの5％だけを使えるようにし、残り95％は使えないようにする。それと同時に、共有のデータを保存していた外付けハードディスクとクラウド型のオンライン・ストレージを期日を決めてすべて廃止する」

このように命じたところ、予定した期日には、社員全員がBOXを使うようになりました。もちろん慣れていないので、最初はブーイングの嵐です。

ですが、それでも嫌々ながらしかたなく使っていると、「古いシステムよりも、新しいシステムのほうが便利である」ことに気がつきます。2週間もすれば、もう以前のシステムには戻れません。

社員は、悪いことは教えなくても実践しますが、良いこと（仕事を効率化すること）は教えただけではやらない。その良いことを強制的にやらせるのが社長の仕事です。

・強制的に夜間の使用を禁止する

iPadなどのITツールは「どこでも、いつもで仕事ができる」というメリットがある一方で、「家に帰っても仕事ができてしまう」というデメリットを持っています。タイムカード上では残業が減っていても、家で仕事をすれば実質的な残業です。

そこで、勤務時間外に仕事をさせないために、20時30分から朝4時まではホストコンピューターにアクセス制限をかけています。ホストコンピューターとつながらなければ、iPadでの仕事はできません。

・社員同士が自然と競い合うように仕向ける

わが社は、「セールスパフォーマー」というクラウド型の営業支援・実績管理グラフシステムを導入しています。

このシステムを使うと、誰が売上を上げていて誰が上げていないのか、成績グラフが各自の端末に表示されます。人事評価は「他の社員との比較で決まる相対評価」で、社員が自然と競い合うようになります。

・お客様や社員とのコミュニケーションは「アナログ」で行う

ITツールの活用に関しては、明確に線を引いています。バックヤードはデジタルでどんどん簡素化と共有化を図りますが、人との接点は徹底してアナログ（フェイス・トゥ・フェイス）です。

人の人とのコミュニケーションは、デジタルのようにゼロかイチのやりとりではありません。人の心は複雑で、あいまいです。人との接点をIT化すると、お客様は離れ、社内はバラバラになります。

相手の感情をとらえたり、こちらの思いを伝えたり、人には人にしかできないことがある。バックヤードをデジタル化すれば実務作業に費やす時間が減り、その分、お客様対応や社員の面談など、アナログでのコミュニケーションの時間を増やすことが可能です。

100％デジタルも、100％アナログも、どちらもナンセンス。ようは、いかに組み合わせるかです。

・ＩＴスキルが低い人を先生役にする

飲み込みの早い人やＩＴスキルの高い人を社内講師にすると、「自分もわかるから、他の人もわかるだろう」と考えて、一度にたくさんのことを教えがちです。

ところが、ＩＴスキルの低い人は自分を基準に考えます。簡単なことから教えるため、ＩＴスキルの高い人を講師に据えるより、社員の理解が広まります。

・手書きのＩＴツールを活用する

わが社は、感謝の気持ちを形にして伝える「サンクスカード」という仕組みを取り入れています。以前はカードでやりとりしていましたが、集計に時間がかかったり、離れた拠点の受け渡しが不便で、株式会社ＮＳＫＫホールディングスが開発したアプリに変更しました。

このアプリは、ｉＰｏｎｅやｉＰａｄで書いた手書きの文字を送れるので、アナログの温かみもデジタルの効率性も活かせます。アプリの導入後、流通枚数が一気にアップしました。

② 社員教育

勉強会に参加した社員には、お駄賃をあげる

人材の成長＝会社の成長

人材戦略の時代に企業の命運を左右するのは、社員の実力です。中小企業にとって、「人材の成長＝会社の成長」です。

そこで私は、社員教育に惜しみなくお金を投資しています。

武蔵野は２０１８年度、**教育研修費として年間１億円**を使いました。同じ規模の会社で、これだけの額を社員教育に使っているところを私は知りません。

中小企業の社長の中には、「教育研修費を減らせば経費が減るので、もっと利益が

出る」と指摘する人もいます。しかし私は、「社員研修費をかけたほうが、利益が出る」と考えています。「人」と「利益」は比例関係にあって、人が成長すれば、それにともなって会社の業績も良くなるからです。

「中小企業は、お金と手間をかけて社員を教育する以外、利益を出し続ける方法はない」が私の結論です。

会社の実力は、入社後の「社員教育の量」で決まります。

学歴や偏差値が高くても、社員教育をしなければ、その人は衰えるだけ。しかし、それなりの人材でも社員教育を継続すれば、**大きな戦力**になります。落ちこぼれ集団だった武蔵野が増収増益を続けているのは、社員教育を徹底したからです。

さまざまな教育カリキュラムを実施しています。とはいえ、人間は基本的に自分に甘いので、「面倒なこと」はしたがらないのがまともです。

わが社は、同規模の中小企業と比べると「ダントツ」に勉強をしていますが、「自主的」に学んでいるのではありません。嫌々ながら、面倒だと思いながらカリキュラムに参加しています。

学生時代に勉強嫌いだった人間が、社会に出たとたん勉強好きになるはずがない。

そこで、勉強をせざるを得ない仕組みをつくっています。

大切なのは、「勉強させる場」があること

わが社の社員が、眠い目をこすって、というより半分眠りながらも「早朝勉強会」（朝7時30分から）に参加しているのは、なぜだと思いますか？

「お金がほしい」からです。

早朝勉強会の参加は自由。しかし参加した回数を人事評価に連動させているので、「半期に20回出席」しないと賞与が減ります。

また、1回参加すると、

「500円のスタンプ」

「研修残業代」

が支給されます。

研修残業とは、「時間外に教育を受けた社員には、お金を払う」という仕組みであり、早朝勉強会も研修残業のひとつです。

したがって、早朝勉強会に参加をすれば、実質「約1750円」（最低賃金×1・25で1266円。それにスタンプを加えると、約1750円）もらえます。すると社員は、「お金がもらえる」という不純な動機で勉強会に参加します。

早朝勉強会はかつて、机が用意されていました。ところが、研修残業を認めるようになってからは机を置いていません。椅子だけです。「お金がほしい」と**不純な動機**の参加者が増え、机があると、社員が入りきらない。それどころか、総務担当に「もっとたくさん早朝勉強会を開催してください」と言いはじめた社員もいます。

「もっとたくさん出席したい」は、「もっとたくさんお金がほしい」の意味です（笑）。わが社の社員にとって、早朝勉強会に参加する目的は勉強ではありません。参加することに意義がある（笑）。**参加すれば、お金になる**からです。

私が巧みなのは、不純な理由であろうが、参加中に居眠りをしていようが、社員を責めたりしないこと。寝ていれば、人に知られたくない個人情報を面白おかしく話し出す（笑）。

大切なのは、勉強させる場があること。そして、参加すること。数をこなして勉強会に参加すれば、いつの間にか、会社の文化を理解するようになり、価値観が揃います。

早朝勉強会以外にも、価値観を共有するための勉強会があり、これらの参加回数を評価に結びつけています。

③人事評価制度

残業削減によって増えた利益を社員に還元する

「人」を大切にしているから「お金」にこだわる

2018年に拙著『お金は愛』（ダイヤモンド社）を出版したあと、

「小山社長は、人よりもお金を大事にしているのか」

「武蔵野は売上を上げることが最優先で、人は二の次なのでは」

「お金の話ばかりする社長はいかがなものか」

といった感想をいただきました。

私は常々、「社員のやる気はお金で釣る」と発言しているから、「小山昇は人よりもお金を大事にしている」と誤解をされるのも無理はない。

ですが私は、「人」を大切にしているから、武蔵野の社員の幸せを願っているから、社員への愛情を「お金」という目に見える形に置き換えています。

もちろん、「お金のために働け」と言っているのではありません。会社はお客様を満足させる前に、まずは社員を満足させないといけない。社員満足度の大きな柱は、「お金」です。

昨今は「やりがい搾取」が広く論議されています。やりがい搾取とは、会社が社員に「やりがい」ばかりを意識させて、金銭報酬を充実させないことです。やりがいだけでは、人は動かない。

前述（192ページ）したように、「給与が低い」ことが退職を考える大きな理由です。だとするならば、「頑張れば頑張っただけ」収入も増えるようにするのが、社長の務めです。今の仕事に多少不満があっても、「頑張れば頑張っただけ」収入が増えるのであれば、働く原動力になると私は考えています。

もし、わが社の社員が私のことを「金の亡者」「社員を大切にしない社長」とみなしていたならば、これほど定着率が高いはずがない。

社員が武蔵野を辞めないのは、「嫌々ながらしかたなく」であったにせよ、「小山昇のことがそれほど好きではない」にせよ、年齢や職責にかかわらず、頑張れば頑張っただけ収入も増えるからです。

多くの社長は、社員に「頑張れ、頑張れ」と言いますが、「頑張ったら、これだけもらえる」という**「頑張った先」**が見えていなければ、社員は頑張れません。

「残業はしたくないけど、残業代はほしい」——社員の本音

2015年から不要な残業を減らす方向で業務改善を進めていて、「残業時間の減少」を評価に連動させています。「残業を減らすと、それだけお金がもらえる」仕組みです。

誰だって、長時間、働きたくはない。けれど一方で、休日出勤や残業が減ると、それだけ可処分所得（個人所得から税金や社会保険料などを差し引いた手取り収入）が減ってしまう。

残業代を「生活給」として見込んでいる社員にとっては、残業削減は必ずしも嬉しいことではありません。

わかりやすく言うと、月20万円の給料をもらっている人が、約200時間の残業をすれば、給料が2倍（40万円）になります。

わが社の社員は、「残業がありすぎるのは嫌だけれど、なさすぎるのも嫌」だと考えます。可処分所得が減るからです。だとすれば、**残業を減らすほど、可処分所得が増える仕組み**をつくれば、社員は残業削減に取り組みます。

そこで、「前年同月よりも自部署の総残業時間が減っていて、それでも業績が下がらなかった場合」は**賞与**を増やします。

残業削減によって増えた利益を会社に溜め込むのではなく、社員に還元する。そうすれば可処分所得が減らないので、社員は辞めません。

月に平均76時間あった残業時間が11時間にまで減ったことで、「人件費を約2億円」削減。1億円を賞与として社員に還元し、残りをさらなる業務環境改善のための投資に回しています。

わが社が残業を減らしながら増収増益を達成できたのも、社員が辞めないのも、「残業時間の減少を人事評価に連動させ、浮いたお金を社員に還元している」からです。

全社員、一斉に有給休暇を取らせる

「有休消化日」を決め、会社の命令で有給休暇を取らせる

働き方改革法案が成立し、2019年4月から、年次有給休暇の5日以上の取得が義務化されています。これにともない私は、経営計画書に「有休消化日」を記載、54期38%、55期51%、56期（2019年）の有休消化率は85%（見込み）です。

新卒社員の場合、基本的は入社半年後から有給休暇の取得権利が発生します。そこで、入社半年までは、「特別休暇」の名目で、実質的な有給休暇を与えています。先輩社員が全員休んでいるのに新入社員だけ出社しても、戦力になりません。

計画的に有給休暇が取れるようにスケジュールを組んでいますが、「有休消化日」として指定しているのは、年間11日間だけ（有休消化日は全社員が有休を取る）。残りの有給休暇は、社員が好きなときに取得することができます。

ここが私の運用の巧みさです。会社がすべて指定してしまう100%の消化は、病気や忌引きなどのときに有給休暇が使えなくなります。

私は、「家庭の平安があって、充実した仕事ができる」と考えています。会社がどれほど発展しても、社員の家庭が幸せでなければ、意味がない。

社員は、職責が上がるほど、家庭を顧みずに仕事をするようになります。仕事熱心なのは結構ですが、家庭がうまくいっていなければ、仕事で成果を出すことはできない。したがって、社員の休暇制度を確立させておく必要があります。

長期休暇制度は、社員が仲良くする仕組み

また、武蔵野に「長期休暇制度」もあります。課長職以上は、**連続して9日間の有給休暇を取らなければいけない**決まりです。

長期休暇中に会社で仕事をすると、「始末書」（始末書2枚で賞与半額）です。長期休暇の日程は、社員が自分で決めるのではなく、会社（スケジュール担当）が決めています。どのように決めるのかといえば、適当です（笑）。

経営計画書に、わが社の事業年度計画（年間スケジュール）が明記されてあります。事業年度計画の中には、「5月30日　長期休暇（市倉、竹内、小林、品田）」といったように、課長職以上の長期休暇があらかじめ組み込まれます。

社員はアバウトに決められた計画で、「自分がいつ休暇を取るのか」をはじめて知ることになります。

基本的に、本人の都合による日程変更は認めていませんが、会社が決めた日程（経営計画書に明記される日程）だとどうしても都合が悪いときは、別の社員と代わってもらってもかまいません。

しかし、代わってもらうためには、普段から「表面上だけでも、仲良くしておく」必要があります。仲が悪かったら代わってもらえないからです。「表面上は仲が良い会社」と、「表面上も仲が悪い会社」では、前社のほうが結束力は高まります。

わが社で社員同士のいさかいが起きないのは、「表面上だけでも仲良くしておかなければいけない」という巧みな仕組みがあるからです。

武蔵野は、小山昇の超ワンマン企業なのか？

「トップダウン」から「ボトムアップ」へ移行するタイミングは？

世間は武蔵野のことを「小山昇のワンマン会社」「小山昇の超トップダウン会社」だと思っているようですが、実態は違います。

たしかに、私が社長に就任した当時は、まぎれもなくトップダウンの会社でした。武蔵野が日本経営品質賞（２０００年）を受賞できたのは、「トップの強力なリーダーシップ」を評価していただいたからです。

落ちこぼれ集団に自主性は求められない。だから私が強力な動力となってダメ社員たちを引っ張り上げた。私が「こうする」「ああする」と言い、社員は「嫌々ながら、しかたなく」それに従っていました。

2010年に2度目の受賞を果たしたときは、「現場主導型の経営体制」が評価されました。要するに「ボトムアップによる経営」が評価されたわけです。

2000年以降、価値観教育に注力した結果、社員の考える力が育ってきた。そして、「トップダウン」から「ボトムアップ」へとギアチェンジできた。

パート・アルバイトも経営に参画させ、現場の声を反映する

現在の武蔵野は、**改善提案**の98パーセントが現場から上がってくる「超ボトムアップ経営」です。

経営計画書の素案は、現在、部長職以上の社員とプロジェクトチーム（部門横断型のチーム）のリーダーが作成しています。

期末になると、彼らが今期の経営計画書の方針をアセスメントします。

「この方針は実行できた」「この方針は実行できなかった」
「この方針は成果が出た」「この方針は成果が出なかった」
など、「○」と「×」で評価して、**中止すべき方針**と**続行すべき方針**を検討しています。

経営計画書の内容を「リーダーシップ」「個人・組織能力」「戦略・プロセス」「お客様満足」「結果」の5つの要素に分けて、「強み」（実行して成果が上がった方針）「弱み」（実行して、成果が上がらなかった方針）のレベル評価を行います。

幹部が「新たな方針が必要」と判断すると、アセスメント時に原案をつくります。幹部から上がった方針を私がチェックし、最終的には社長の責任において、経営計画書の内容を確定させます。

また、武蔵野は、管理職だけでなく、パート・アルバイトも積極的に経営に参画しています。現場でじかにお客様と接しているパート・アルバイトの声を拾い上げなくては、業務改善は実現しません。

そこで、年2回（半期に1度）開催する「社内アセスメント」に、パート・アルバイトが自主的に参加しています。

【社内アセスメント】

各部門が上期・下期の実行計画（具体的な施策）をつくる。実行計画の作成には、全社員とアルバイト・パートも参加する。部門ごとに半年間を振り返り、実行してきた施策の検証をする。

会社の中で決定ができるのは、社長だけです。設立したばかりの会社や社員教育をしていない会社は、トップダウンで物事を進めるのが正しい。社長がひとりで仕組みをつくる。

社員が成長してきたら、ボトムアップに移行します。何年にもわたって社長の方針を共有・実行してきた歴史があるため、現場に即した仕組みをつくったほうが、現実に対応しやすい。

・社員教育ができていない中小企業では、社長がひとりで仕組みをつくる

・社員教育を継続して行い、社員の力が十分についてきて人材が育ってきたら、幹部社員も仕組みづくりに参加させる

中小企業が成長するには、まずトップダウンを徹底的に行って、社員の人材育成を図ることです。

「実力」があるのに頑張ろうとしない社員は、家族に告げ口する

武蔵野の社員が恐れる「テロ爆弾」の正体

私は、あの手この手の策を講じて、社員を嫌々ながらしかたなく働かせています。

ですがそれでも、社員全員が頑張るかといえば、頑張らない。私や上司の忠告も意に介さず、のらりくらりとやり過ごそうとする社員もいます。

そんな「のらりくらり社員」の意識を変えるには、どうしたらいいか。

私の最終手段は、

「社員の家族に告げ口する」

ことです（笑）。

家族を巻き込むのが、私の巧みさです。

武蔵野の社員がもっとも恐れているのは、小山昇が予告なしで投下する「テロ爆弾」です。テロ爆弾とは、私が書く**直筆のハガキ**のことです。

この爆弾の直撃を受けると、さしもの「のらりくらり社員」も、もれなく、全面降伏をします。

経営サポート事業部の遠藤智彦に、次のように書いた爆弾を遠藤のご両親（実家）に向けて発射しました。

武蔵野は「エナジャイザー」という能力診断ツールを使っています。遠藤は受診時に、意図的に回答した（正直に回答をしなかった）。

頭にきた私は、テロ爆弾を投下。目標は遠藤本人ではなく、ご両親です。

「遠藤さんは280人中第5位の能力なのに課長**更迭**寸前。
真面目にやれば、楽に部長。
いつもテキトーにやっている。時々、ウソをつく。
どの様に指導したら良いか、両親に教えてもらいたいと思ってます」

この爆弾を受け取った遠藤のご両親は、当然、黙っていません。遠藤に電話をかけ、息子に奮起をうながした。

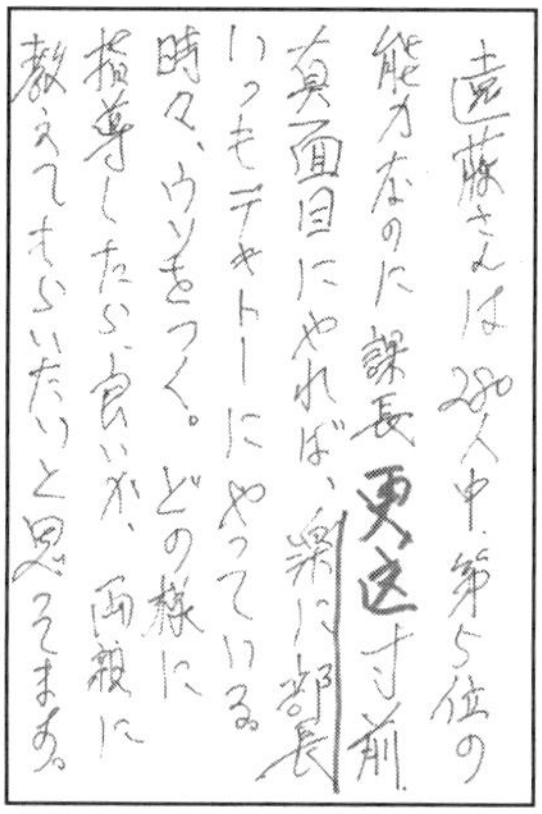
遠藤さんは280人中第5位の
能力なのに課長更迭寸前
真面目にやれば、楽に部長
いつもテキトーにやっている。
時々、ウソをつく。どの様に
指導したら良いか、両親に
教えてもらいたいと思ってます。

社員が恐れる「テロ爆弾」
（小山昇の直筆のハガキ）

私から直接叱られるより、両親から「大丈夫か?」と心配されるほうが、何倍も効果がある。

自分の失態や悪い状況が明るみになるからこそ、社員は「今の状況を変えよう」と**本気**になります。

遠藤は真面目に仕事をし「S評価」となり、更迭を免れただけでなく、3グループの課長に昇進した。

ハガキを送るのは、叱咤激励をするときだけではありません。社員の誕生日、長期休暇の取得時には、必ず「手書きのハガキ」を送っています。

手書きにしているのは、**手間をかけないと心が通じない**からです。手で書く時間は、相手のことを考える時間でもあります。だから心がこもる。

社員が結婚している場合は、配偶者（奥さん）の誕生日と結婚記念日にも送ります。社員のもとには、**合計4回**、私からのハガキが届くことになります。

私は、サンクスカードをハガキに貼って、社員の自宅や実家に郵送しています。サンクスカードとは、小さな感謝を伝える仕組みです。

郵送にしている理由は、家族に読んでいただくためです。メールにすると、社員は自分がほめられたことを家族には言いません。

ですが郵送すれば、本人よりも先に、家族がハガキに目を通します。そして家族に平和が訪れる（笑）。

奥さんは頑張って仕事をするダンナに感謝し、そのあとで、「もっと社長にほめてもらえるように、頑張ってもらわなくちゃ」とダンナの尻を叩く（笑）。

手書きのハガキは、**社員の家族を会社の味方にする**巧みな仕組みです。

小山 昇（こやま・のぼる）

株式会社武蔵野代表取締役社長。1948年山梨県生まれ。東京経済大学卒。1976年日本サービスマーチャンダイザー（現・武蔵野）に入社。一時期、独立して自身の会社を経営していたが、1987年に株式会社武蔵野に復帰。1989年より社長に就任。赤字続きだった武蔵野を18年連続増収の優良企業に育てる。2001年から中小企業の経営者を対象とした経営コンサルティング「経営サポート事業」を展開。730社以上の会員企業を指導している他、全国の経営者向けに年間約240回の講演・セミナーを開いている。主な講演テーマは「経営の見える化」「経営計画書」「環境整備」「人材戦略」など。1999年度「電子メッセージング協議会会長賞」、2001年度「経済産業大臣賞」、2004年度、経済産業省が推進する「IT経営百選最優秀賞」をそれぞれ受賞。2000年、2010年には日本で初めて「日本経営品質賞」を2度受賞している。主な著書に『会社を絶対に潰さない社長の「金言」100』（プレジデント社）、『新版　経営計画は1冊の手帳にまとめなさい』（KADOKAWA）、『儲かりたいならまずココから変えなさい!』（朝日新聞出版）などがある。

できるリーダーは失敗が9割
自分史上最高の営業利益を手に入れる「仕事」の極意

2020年4月23日　第1刷発行

著者　小山 昇
発行者　鉄尾周一
発行所　株式会社マガジンハウス
〒104-8003
東京都中央区銀座3-13-10
書籍編集部　☎03-3545-7030
受注センター　☎049-275-1811

印刷・製本所　文唱堂印刷株式会社
ブックデザイン　トサカデザイン（戸倉 巌、小酒保子）
編集協力　藤吉 豊

ISBN978-4-8387-3093-3 C0095